智能家电产业海外知识产权
贸易壁垒问题研究

广东省 WTO/TBT 通报咨询研究中心　组织编写

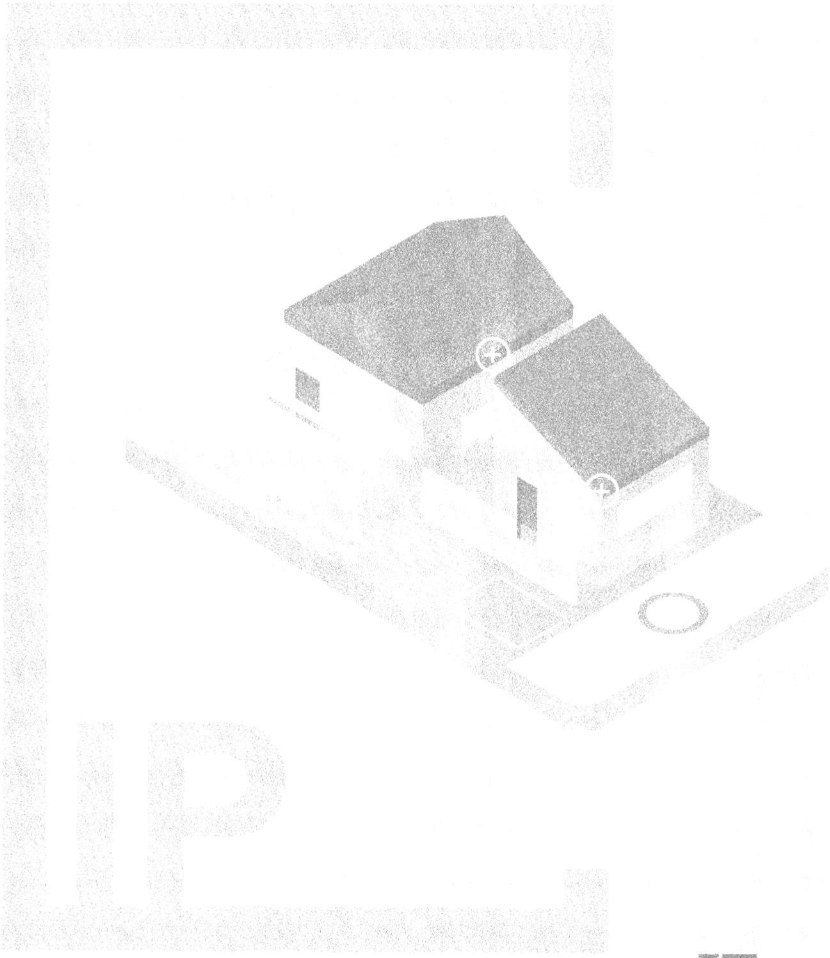

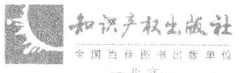

图书在版编目（CIP）数据

智能家电产业海外知识产权贸易壁垒问题研究 / 广东省 WTO/TBT 通报咨询研究中心组织编写 . —北京：知识产权出版社，2022.12
ISBN 978-7-5130-8424-6

Ⅰ . ①智… Ⅱ . ①广… Ⅲ . ①智能家电—家电工业—知识产权—贸易壁垒—研究—世界　Ⅳ . ① D913.404

中国版本图书馆 CIP 数据核字（2022）第 200075 号

内容提要

本书以智能家电产业为研究对象，系统梳理了智能家电产业链全景、产业规模、出口市场、专利技术领域及国外主要出口市场准入政策和知识产权保护政策，深入分析了智能家电产业"走出去"过程中遭遇的知识产权贸易壁垒问题及其应对困境，并结合典型案例阐述智能家电企业在遭遇海外知识产权贸易壁垒时的应对策略。

本书可作为知识产权工作者、高校科研人员和外贸从业人员参考用书。

责任编辑：许　波　　　　　　　　　　　　责任印制：孙婷婷

智能家电产业海外知识产权贸易壁垒问题研究
ZHINENG JIADIAN CHANYE HAIWAI ZHISHI CHANQUAN MAOYI BILEI WENTI YANJIU

广东省 WTO/TBT 通报咨询研究中心　组织编写

出版发行：知识产权出版社有限责任公司	网　　址：http://www.ipph.cn
电　　话：010-82004826	http://www.laichushu.com
社　　址：北京市海淀区气象路50号院	邮　　编：100081
责编电话：010-82000860转8380	责编邮箱：xubo@cnipr.com
发行电话：010-82000860转8101	发行传真：010-82000893
印　　刷：北京中献拓方科技发展有限公司	经　　销：新华书店、各大网上书店及相关专业书店
开　　本：720mm×1000mm　1/16	印　　张：13.75
版　　次：2022年12月第1版	印　　次：2022年12月第1次印刷
字　　数：201千字	定　　价：78.00元

ISBN 978-7-5130-8424-6

出版权专有　侵权必究
如有印装质量问题，本社负责调换。

本书编委会

主　任：陈　权

顾　问：韩秀成　赖　静

主　编：魏雅丽

编　委：杨婕莎　蔡　军　刘宝星　吴升宇

　　　　劳碧云　陈迪光　张彩文

前　言

改革开放 40 多年，特别是加入 WTO 以来，中国对外贸易和社会经济蓬勃发展，中国已成为世界第二大经济体、对外贸易第一大国❶和全球最大家电生产国与贸易国。❷互联网、人工智能和 5G 等技术的快速发展，为智能家电产业的发展提供了强大支撑。随着中国家电企业"走出去"步伐的加快和国际市场出口份额的不断增长，企业遭遇的知识产权贸易壁垒问题日益突出。

创新是引领发展的第一动力，保护知识产权就是保护创新。在国家"十四五"规划纲要提出的制造强国战略，推动制造业高端化、智能化、绿色化等高质量发展的背景下，本书以全国对外贸易依存度最高的广东省为样本，在系统梳理智能家电产业链全景、产业规模、出口市场、专利技术领域，以及主要出口市场准入政策和知识产权保护政策的基础上，通过实证数据和走访调研，着重分析了智能家电企业在"走出去"过程中遭遇的知识产权贸易壁垒问题，主要包括美国"337 调查"、专利权滥用、商标域名恶意抢注、技术标准型贸易壁垒、商业秘密恶意诉讼和缺陷电器产品召回背后潜在的知识产权壁垒

---

❶ 中华人民共和国商务部."十四五"对外贸易高质量发展规划 [EB/OL].（2021-11-18）[2022-08-05].http://www.gov.cn/zhengce/zhengceku/2021/11/24/5653009/files/2b503a03727a459eb49fe8e620461744.pdf.

❷ 参考消息网.中国成全球最大家电生产国与贸易国 [EB/OL].（2018-11-20）[2022-08-05]. https://news.sina.com.cn/o/2018-11-20-doc-ihmutuec1822452.shtml.

等类型。本书深入调查了企业在应对海外知识产权贸易壁垒过程中存在的海外应诉成本高、知识产权海外保险参与热情不高、专利许可谈判处于弱势地位、企业知识产权管理意识相对薄弱和中小微企业应对能力有限五大问题，进而提出建立政府、协会、企业、第三方服务机构"四位一体"的海外知识产权贸易壁垒应对机制及优化建议，并结合典型案例阐述智能家电产业不同细分领域在遭遇知识产权贸易壁垒时的应对策略。

本书主要包括六章内容：第一章基于国内外形势分析智能家电行业研究的必要性及意义；第二章系统介绍智能家电产业链全景概况；第三章详细梳理智能家电产业主要出口市场的市场准入和知识产权保护政策措施；第四章阐述智能家电企业在"走出去"过程中遭遇的知识产权贸易壁垒现状；第五章深入剖析智能家电企业应对知识产权贸易壁垒过程中存在的主要问题并提出应对策略；第六章具体剖析家用电力器具、照明器具、智能消费设备制造等智能家电产业细分领域涉诉企业真实案例，深入分析当事双方的应诉策略，以期为政府相关部门、商协会、企业等提供参考。

本书前期进行了大量的准备工作，数易其稿，是全体编委会成员辛勤劳动的成果和集体智慧的结晶。其中，广东省 WTO/TBT 通报咨询研究中心主任陈权负责全书统筹和指导，国家知识产权局知识产权发展研究中心原主任、研究员韩秀成全程指导书稿的修改与完善，从框架结构、内在逻辑、研究支撑到措辞表述均提出了很多宝贵意见，并在书稿的数次修改完善中不断提出更高要求和优化建议；广东华南家电研究院院长、中国顺德（家电）知识产权快速维权中心主任赖静负责智能家电产业概述和主要出口市场市场准入章节内容把关，魏雅丽负责绪论、主要出口市场知识产权政策、智能家电企业遭遇海外知识产权贸易壁垒现状、应对过程中存在的主要问题及对策建议、智能家电产业海外知识产权贸易壁垒案例分析章节内容把关。全书由广东省 WTO/TBT 通报咨询研究中心魏雅丽、杨婕莎、刘宝星团队和广东华南家电研究院、中国顺德（家电）知识产权快速维权中心蔡军、吴升宇、劳碧云、陈迪光、张彩文团队联合执笔撰写，魏雅丽统稿、审核，杨婕莎校对。

参编者具体执笔情况如下：魏雅丽（撰写第二章第二节、第四章第五节和

第七节及第六节"缺陷产品召回背后潜在的知识产权壁垒风险"、第五章、第六章第一节和第二节）；杨婕莎（撰写第一章、第二章第三节细分领域"主要专利分析"、第四章第二节和第四节、第六章第三节和第四节的"当事双方及行业背景""调查过程""调查结果"与"案例解析"）；蔡军（撰写第三章第一节、第四章第三节、第六节"智能家电产品在欧美市场召回情况"和"缺陷产品召回的原因"）；刘宝星（撰写第三章第二节、第四章第一节）；劳碧云、陈迪光（合作撰写第二章第一节）；吴升宇、陈迪光（合作撰写第二章第三节细分领域"专利技术领域对比分析"）；张彩文（撰写第六章第四节"涉案技术及专利介绍"）。

本书的研究和编写得到了广东省市场监督管理局（知识产权局）的大力支持和广东省WTO/TBT通报咨询研究中心主要领导的精心指导，得到了韩秀成研究员全程细致专业的指导；广东省知识产权保护中心黄光华巡视员、北京大学法学院张宇枢教授、广东外语外贸大学王太平教授等从不同侧面提出了大量专业性建议；康佳集团股份有限公司、深圳市洲明科技股份有限公司、深圳市华星光电技术有限公司、广东格兰仕集团有限公司、广东万和电气有限公司、广东新宝电器股份有限公司、广东阿格蕾雅光电材料有限公司等企业相关专家给予了很多实务意见，在此谨代表编委会向各位领导、老师和同人的指导和支持表示诚挚的感谢！最后，感谢知识产权出版社为本书的出版所做的大量工作！

因时间仓促、水平有限，本书还存在许多疏漏与不足之处，希望读者不吝赐教，提出宝贵意见和建议。

本书编写组

2022年9月于广州

目 录

第一章·绪 论 /1

第一节　研究背景　/3

第二节　文献综述　/6

第三节　研究内容及方法　/14

第四节　技术路线图　/17

第二章·智能家电产业概述 /19

第一节　产业链全景概况　/21

第二节　产业规模和出口情况　/24

第三节　主要智能家电产品专利技术分析　/27

第三章 · 智能家电产业主要出口市场市场准入和知识产权保护政策措施 / 53

第一节　主要出口市场准入政策　/ 55

第二节　主要出口市场知识产权保护政策　/ 71

第四章 · 智能家电企业遭遇海外知识产权贸易壁垒现状　/ 93

第一节　美国"337调查"　/ 95

第二节　专利权滥用　/ 100

第三节　技术标准型贸易壁垒　/ 105

第四节　商标域名恶意抢注　/ 114

第五节　商业秘密恶意诉讼　/ 119

第六节　缺陷电器产品召回背后潜在的知识产权壁垒　/ 122

第七节　国家战略驱动的知识产权贸易壁垒　/ 125

第五章 · 智能家电企业应对过程中存在的主要问题和对策建议　/131

第一节　企业应对知识产权贸易壁垒存在的主要问题　/ 133

第二节　对策建议　/ 139

第六章 · 智能家电产业海外知识产权贸易壁垒案例分析　/ 147

第一节　家用电力器具制造领域典型案例分析（337-TA-1057）/ 149

第二节　照明器具制造典型案例分析（337-TA-1114）　/ 161

第三节　照明器具制造领域典型案例分析（337-TA-1107）　/174

第四节　智能消费设备制造领域典型案例分析（337-TA-1035）
　　　　/184

附　录　/193

参考文献　/201

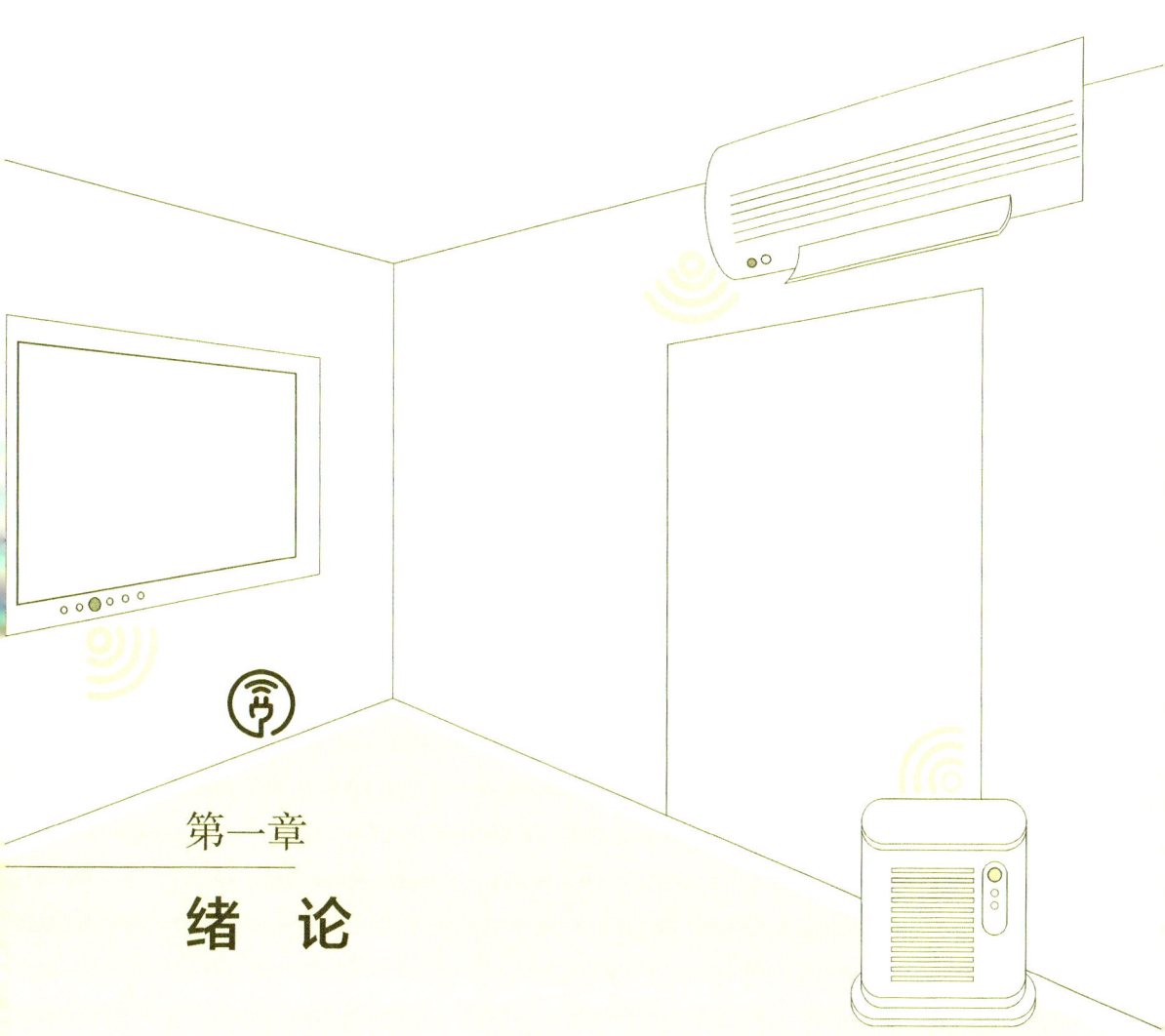

第一章

绪 论

第一章 绪 论

第一节 研究背景

一、研究必要性

（一）国内外形势下高质量推进智能家电产业的必然要求

当前世界正经历百年未有之大变局，国际形势复杂多变，俄罗斯与乌克兰军事冲突引发的经济与政治影响并行，经济全球化遭遇逆流，产业链、供应链畅通稳定难度加大，贸易安全发展面临新挑战。以美国为首的西方国家重新审视中国新发展局势，美国更是加快重返亚太战略布局，在安全、财政、经贸乃至政治、军事、金融等领域对中国开启了全方位的应对与遏制，并着力修复与各盟友的伙伴关系，加强与亚太地区的经贸关系，积极利用软实力对冲中国在亚太地区的影响力。中国面临异常复杂的国际环境。

伴随着新技术与新形势的发展，中国制造业高质量发展面临的国内外环境和自身条件都发生了复杂而深刻的变化。深化与重塑全球产业链、价值链是新一轮技术革命与产业转型升级的必然结果，成功融入并占据优势地位成为当前各产业是否能受益经济全球化的重要因素，因此提升中国制造业在全球产业链价值链中的地位成为重中之重。而产业集群是促进产业向全球产业链、价值链高端化的重要推手，这要求中国必须立足新发展阶段，贯彻新发展理念，构建新发展格局，积极打造创新要素高度集聚、区域根植性强、网络化协同紧密、开放包容、生态体系完整、标准国际化水平高、全球最具竞争力的产业集群。"十四五"时期是开启全面建设社会主义现代化国家新征程、向第二个百年奋斗目标进军的第一个五年。国家"十四五"规划纲要在提出加快构建以国内大循环为主体、国内国际双循环相互促进的新发展格局的同时，提出制造强国战略，实施智能制造和绿色制造工程，发展服务型制造新模式，推动制造业高端化智能化绿色化，加快利用应用感应控制、语音控制、远程控制等技术手段，发展智能家电产业等具体要求。因此，如何深入实施家电产业智能制造和绿色制造工程，发展服务型制造新模式，培育具有国际竞争力的智能家电企业，是高质量推进智能家电产业发展的必然要求。

（二）抓住新机遇发展智能家电产业的必然要求

《区域全面经济伙伴关系协定》（Regional Comprehensive Economic Partnership，RCEP）作为全球最大、最具潜力的区域自贸协定，总人口、经济体量、贸易总额约占全球总量30.00%。在其框架下，中国与其他成员方在投资和贸易方面会更加开放、更加便利。受文化、地缘等因素影响，RCEP所形成的制度性合作使中国和成员方之间经济联系更加紧密。2021年，中国对RCEP其他14个成员方进出口额达12.07万亿元，增长18.10%，占中国外贸进出口总额的30.90%。❶

对于智能家电制造企业而言，RCEP成员方不仅是中国家电出口的重要市场，同时作为全球移动互联网市场化程度较高的区域之一，尤其在东盟❷国家基于"智慧城市"战略及数字经济的快速发展阶段，以特殊的人口结构优势成为中国智能家电产业重点出口市场。RCEP的正式生效意味着成员方之间的智能家电产品进出口关税的降低，甚至空调、冰箱等的零关税产品承诺，降低了智能家电产品的出口成本。同时，RCEP各成员方经济结构具有较强的互补性，合作平台的扩展和机制的健全为中国智能家电企业"走出去"提供了动力和保障。而RCEP特有的地域与战略属性也有利于中国更有效地参与全球经济治理，摆脱以美国为首的西方国家企图对中国进行国际制规权的封锁，进一步提高中国在智能家电产业标准法规等规则制定中的话语权。因此，RCEP必然成为广东省乃至中国智能家电企业出口过程中提高自身知识产权保护、拓展国际市场的重要窗口与平台。

---

❶ 中国海关总署.2021年中国海关总署数据［EB/OL］.（2022-01-30）［2022-05-12］.http://fangtan.customs.gov.cn.

❷ 东盟，"东南亚国家联盟"的简称，于1967年8月8日在泰国曼谷成立，秘书处设在印度尼西亚首都雅加达。截至2021年年底，东盟有10个成员国：文莱、柬埔寨、印度尼西亚、老挝、马来西亚、菲律宾、新加坡、泰国、缅甸、越南。

（三）智能家电产业海外知识产权保护的客观需要

物联网、云计算、人工智能等技术的迅速发展为智能家电产业的发展提供强大支撑，2021年中国智能家电产业市场规模达5500亿元，同比增长6.70%❶，智能家电产业进入高速发展阶段。智能家电企业在国际市场的竞争也逐渐由渠道、营销手段的竞争转变为以技术创新、专利为主的竞争。欧美等发达经济体依托自身在全球标准和知识产权方面的制规权与话语权等优势，借助非关税手段，如能源标准、技术法规、知识产权保护等，提高市场准入门槛，削弱中国智能家电产品在国际市场的竞争优势。根据不完全统计，2010—2021年美国"337调查"涉中国案件达296起，占全部调查案件总数的50.00%，涉广东省案件❷114起，其中智能家电产业涉案数24起。❸从产品召回数据看，2021年包括智能家电在内的电器/电气设备成为中国出口美国被召回最多的产品，同时也是欧盟❹"安全门"（The Rapid Alert System for Dangerous Non-Food Products，Safety Gate）召回数量排名第二的产品。❺多数智能家电企业仍需通过引进国外技术进行产品研发与生产，致使在达到国际相关标准的同时，面临关键核心技术"卡脖子"问题。核心技术的知识产权仍由欧美等发达经济体掌握，这造成智能家电企业参与国际市场竞争时易于遭受知识产权贸易壁垒等风险。因此，立足技术创新和海外知识产权布局，建立应对技术性贸易措施与出

---

❶ 中商产业研究院.2021年中国智能家电市场回顾及2022年发展趋势预测分析［R/OL］.（2022-03-30）［2022-05-12］.https://baijiahao.baidu.com/s？id=1728653629737459007&wfr=spider&for=pc.

❷ 广东省企业，指的是注册地在中华人民共和国、法人住所在广东省境内的企业。

❸ United States International Trade Commission.Electronic Document Information System［EB/OL］.［2022-05-11］.https://edis.usitc.gov/external/.

❹ 欧盟，"欧洲联盟"的简称。1991年12月，欧共体马斯特里赫特首脑会议通过《欧洲联盟条约》，通称《马斯特里赫特条约》（简称"《马约》"）。1993年11月1日，《马约》正式生效，欧盟正式诞生。欧盟成员目前包括：奥地利、比利时、保加利亚、塞浦路斯、克罗地亚、捷克、丹麦、爱沙尼亚、芬兰、法国、德国、希腊、匈牙利、爱尔兰、意大利、拉脱维亚、立陶宛、卢森堡、马耳他、荷兰、波兰、葡萄牙、罗马尼亚、斯洛伐克、斯洛文尼亚、西班牙和瑞典。

❺ 广东省WTO/TBT通报咨询研究中心.2021年TBT通报和出口欧美产品受阻情况［EB/OL］.（2022-01-21）［2022-05-12］.http://www.gdtbt.org.cn/html/note-322855.html.

口贸易政策预警机制,增强智能家电产业出口竞争力,切实提升智能家电产业国际规则话语权与海外知识产权纠纷应对能力,成为有效应对知识产权贸易壁垒的客观需要。

二、研究意义

本书基于贯彻落实国家"十四五"规划纲要和发展战略性集群产业工作要求,以智能家电产业为切入口,探讨新形势新要求下,出口企业海外知识产权保护问题。

同时本书立足于当前国际竞争格局,系统梳理智能家电产业产业链情况,以广东省智能家电产业为研究对象,对标全球家电头部企业专利布局和专利质量等情况,深入分析广东省智能家电企业在"走出去"过程中遭遇的知识产权贸易壁垒现状及应对过程中存在的主要问题和对策建议,从国际市场准入规则、产业战略、国家战略等多维度为智能家电产业出口及全球知识产权竞争提供参考。

第二节 文献综述

一、知识产权贸易壁垒研究现状

知识产权贸易壁垒的研究可追溯到20世纪六七十年代,当前国内外相关研究主要集中在知识产权贸易壁垒的实质特征、产生原因、应对措施、影响作用等方面。

(一)知识产权贸易壁垒的实质与特征研究方面

早在20世纪,西方学者就开始研究知识产权贸易壁垒问题。罗伯特·鲍德温(Robert Baldwin)认为,技术性贸易壁垒的实质是非关税壁垒并进行解释，最终提出知识产权贸易壁垒这一概念。❶ 郑秉秀分析了知识产权贸易壁垒的概念和特征，并阐述了知识产权滥用的原因。❷ 徐元分析了知识产权贸易壁垒的定义及其表现形式，指出知识产权贸易壁垒的实质为权利的滥用，与其他贸易壁垒相比，知识产权贸易壁垒具有隐蔽性更强、国家间设置不平衡、企业居于主体地位、专业技术性强等特征。❸ 李大江详细分析了知识产权贸易壁垒的特征、表现形式及其对国际贸易的影响，并提出了相应的对策建议。❹ 韩可卫等分析了后金融时代探析知识产权贸易壁垒的特征及后危机时代的新特点。❺ 徐元又从国际政治经济学角度分析了知识产权贸易壁垒的实质，即发达国家与发展中国家之间一直存在国际经济秩序的斗争。❻

（二）知识产权贸易壁垒的成因研究

保罗·克鲁格曼（Paul Krugman）指出不公平的知识产权制度是导致知识产权贸易壁垒的关键因素。❼ 艾伦·S. 格特曼（Alan S. Gutterman）等认为跨国企业为抢占市场，是设置不合理的知识产权贸易壁垒的主要原因。❽ 冯永晟认为，贸易摩擦和贸易失衡是中国出口过程中遭遇知识产权贸易壁垒的主要原因。❾ 曹璋等利用1995—2016年中国知识产权保护强度指数、中国知识产权的"337调查"及中美贸易差额，构建VAR模型，进行格兰杰因果关系检验，揭

---

❶ BALDWIN E R.The Political Economy of U.S.Import Policy［M］.Cambridge:The MIT Press, 1986:52-56.

❷ 郑秉秀.国际贸易中知识产权壁垒［J］.国际贸易问题，2002（7）：37-38.

❸ 徐元.知识产权贸易壁垒的实质及国际政治经济学分析［J］.太平洋学报，2012（3）：4-6.

❹ 李大江.知识产权壁垒的特征、形式及影响探析［J］.科技经济市场，2014（4）：142.

❺ 韩可卫，陈天明.知识产权贸易壁垒的特征及后危机时代新特点分析［J］.产权导刊，2014（3）：51-54.

❻ 徐元.知识产权贸易壁垒的实质及国际政治经济学分析［J］.太平洋学报，2012，20（2）：61-73.

❼ KRUGMAN P.Strategic Trade Policy and The New International Economics［M］.Cambridge:The MIT Press, 1986.

❽ GUTTERMAN S A, ANDERSON J B. Intellectual Property in Global Markets [M]. Nederlanden: Kluwer Law International Press,1997.

❾ 冯永晟.知识产权贸易壁垒的兴起与我国的应对［J］.宏观经济管理，2012（12）：59-61.

示了中国知识产权保护强度指数是中美贸易差额的格兰杰原因，中美贸易差额是涉及中国知识产权"337调查"数量的格兰杰原因。❶代中强则详细分析了美国知识产权调查引致的贸易壁垒的特征事实和影响，提出诉讼双方地位不对等及信息不对称等问题，知识产权调查将成为影响中国企业"走出去"的最棘手的问题，并从政府顶层机制、行业保障机制和企业预警机制三维视角提出了对策建议。❷

（三）知识产权贸易壁垒的应对措施

黎氏清潭（Le Thi Thanh Tam）通过问卷调查分析，探讨了新兴经济体在管理和应用本国知识产权保护方面面临的问题，并提出重视提升公众保护意识等应对建议。❸米歇尔·格里马尔迪（Michele Grimaldi）强调了知识产权管理对于保持竞争优势和管理对外开放创新的重要性，并介绍了三种基本的知识产权保护策略。❹宗艳霞则认为调整全球投资布局，紧密结合解决贸易顺差与持续推进"一带一路"建设两个要点，是解决当前中国产品出口遭遇知识产权贸易壁垒的关键。❺赵云海深入分析了美国、欧盟、日本等国家知识产权保护经验并结合中国当前面临的知识产权贸易保护问题，提出意见和建议。❻曹刚在综合分析中美知识产权贸易摩擦表现的基础上，深入剖析内在原因，并提出针

---

❶ 曹璋，李伟，陈一超.知识产权保护、知识产权贸易壁垒和中美贸易三者关系研究——基于向量自回归与格兰杰因果关系检验［J］.宏观经济研究，2020（2）：92-101.

❷ 代中强.美国知识产权调查引致的贸易壁垒：特征事实、影响及中国应对［J］.国际经济评论.2020（3）：107-122，6-7.

❸ LE THI T T, HOANG D T, PHAM THI T H, et al.The Level of Perception, Awareness, and Behavior on Intellectual Property Protection: A Study of the Emerging Country［J］.Journal of Governance and Regulation，2021，10（1）：22495.

❹ GRIMALDI M, GRECO M, CRICELLI L.A Framework of Intellectual Property Protection Strategies and Open Innovation［J］.Journal of Business Research，2021（123）：156-164.

❺ 宗艳霞：中美贸易摩擦对大连市的影响及政策建议［J］.大连海事大学学报（社会科学版）.2018，17（5）：52-57.

❻ 赵云海.国外知识产权贸易保护的实践经验及其对中国的启示［J］.价格月刊.2021（6）：52-57.

对性应对措施。❶ 魏雅丽等基于广东省实际，分析企业在"走出去"过程中遭遇的知识产权贸易壁垒主要形式、应对过程中存在的困难，并深入分析背后深层次的原因，进而提出对策建议。❷ 张蕾探讨了中小企业加强专利、商标、商业秘密等知识产权保护的重要性及应对方式。❸

（四）知识产权贸易壁垒影响的实证研究

崔日明等以中国、印度等11个新兴经济体为样本，使用引力方程实证考察知识产权保护对贸易的影响。❹ 薄晓东等在分析1995年以来中国外贸转型升级现状的基础上，通过构建VAR模型，实证分析知识产权保护对中国外贸转型升级的影响。❺ 黄先海等从知识产权保护视角探讨知识产权对企业创新模式及进出口的影响，以实证模型提出优化知识产权保护的政策，推动企业发展。❻ 李玲玲也运用实证模型分析了知识产权贸易壁垒对中国出口额的影响，建议出口企业优化产业结构，加强自主创新。❼

（五）具体产业的知识产权贸易壁垒问题研究

伴随着技术和专利争夺等的白热化，知识产权贸易壁垒方面的研究进一步深化，李鹏程从知识产权保护下中国高新技术产品出口现状入手，并从发达国家贸易保护主义增强、企业自主创新能力有待提高、中国高新技术产品出口监管制度不完善等方面剖析了中国高新技术产品出口面临的主要问题，结合实际提出对策建议。❽ 徐艳分析了美国和欧洲知识产权壁垒对中国高新技术产品出

---

❶ 曹刚.中美知识产权贸易摩擦的主要表现及应对［J］.对外经贸实务.2018（10）：93-96.

❷ 魏雅丽，谢欢.企业应对美国知识产权贸易壁垒问题研究——以广东省为例［J］.当代经济.2022，39（3）：84-89.

❸ 张蕾.中小企业知识产权保护战略选择［J］.法制与社会.2021（6）：164-165.

❹ 崔日明，张玉兰，耿景珠.知识产权保护对新兴经济体贸易的影响——基于贸易引力模型的扩展［J］.经济与管理评论.2019，35（3）：135-146.

❺ 薄晓东，邹宗森.知识产权保护下的中国外贸转型升级研究［J］.现代管理科学.2017（7）：58-60.

❻ 黄先海，卿陶.知识产权保护、贸易成本与出口企业创新［J］.国际贸易问题.2021（7）：21-36.

❼ 李玲玲.美国专利壁垒对我国技术性密集产品出口的影响研究［D］.合肥：安徽大学，2016.

❽ 李鹏程.知识产权保护与我国高新技术产品出口［J］.商业经济.2020（5）：96-97，117.

口产生的积极和消极影响。❶ 杜敏着重从知识产权保护对中国高新技术产品出口的成本效益影响的角度出发，借鉴美国和日本等发达国家先进的知识产权保护，提出加强中国高新技术产业发展的建议。❷ 林崇诚从全球市场竞争与技术标准挑战出发，提出通信产业如何"走出去"。❸ 艾伦·S.格特曼等深入探究了知识产权保护尤其是技术密集型产品出口知识产权保护的必要性。❹

二、智能家电产业研究现状

国内外研究主要集中在智能家电产业的应用研究方面，鲜有涉及智能家电产业知识产权贸易壁垒情况的文献。同时，由于智能家电作为智能家居的重要组成部分，多数学者将智能家电的研究归到智能家居范围内进行系统研究，单独对智能家电的研究远少于时智能家居行业的剖析。因此，本章将部分智能家居研究中提及智能家电的研究成果纳入文献分析的范畴。

（一）智能家电技术应用研究方面

1. 智能家电研发与技术可行性研究方面

焦利敏等以第三代人工智能时代智能家电技术、标准为研究对象，重点论述了第三代人工智能时代智能家电技术、标准的研究和应用。❺ 赵梦凡基于物联网技术对智能家电人机交互设计研究，探讨物联网技术下的智能家电人机交互设计原则。❻ 胡姣等从物联网技术的发展及物联网在家电产品中的应用出发，

---

❶ 徐艳.知识产权壁垒对我国高新技术产品出口的影响研究［J］.改革与战略.2015，31（5）：154-159.

❷ 杜敏.知识产权保护对我国高技术产品出口的影响研究［D］.杭州：浙江工商大学，2015.

❸ 林崇诚.中国网络通讯产业"走出去"的挑战与应对措施［J］.国际贸易.2016（6）：21-25.

❹ GUTTERMAN S A，ANDERSON J B.Intellectual Property in Global Markets［M］.Nederlanden：KluwerLaw International，1997.

❺ 焦利敏，李红伟，孟永哲，等.第三代人工智能时代智能家电技术、标准的研究和应用［J］.中国标准化.2021（19）：107-113.

❻ 赵梦凡.基于物联网的智能家电人机交互设计研究［D］.扬州：扬州大学，2021.

探析数据在传输中可能存在的安全问题。❶此外，2021年古普塔阿希什（Gupta Ashish）等则从传感器产生的多变量时间序列（MTS）出发对智能家电的不同故障进行分类研究。❷

2. 智能家电产业发展

徐庆伟梳理了国内外头部企业智能家电产品研究情况，对智能家电产业的发展和研究进行了分析，总结并阐释了智能家电发展的原因、智能家电的特点与功能。❸詹林其等基于智能家电品牌生态圈，对智能家电互联互通现有的方案、模式和问题进行分析和总结，对智能家电互联互通的未来发展进行探讨。❹

3. 智能家电的人本主义研究

燕雪婷等基于中外智能家居经典案例，研究老年群体的自身数据与居住需求，以新的智能家居系统分类为主线，提出适老性的智能家居应用建议。❺谢丽尔·弗尔丘克（Cheryl Forchuk）等从智能家电等家居技术健康服务角度，探究智能家居系列提供护理等服务的可能性。❻艾米·关（Amy Guan）等则针对老年人对智能家居技术的感知、接受程度，探讨老年人在技术利用方面表达的优先事项和需求，以及对未来包括智能家电在内的智能家居技术以人为中心的设计和实施的影响。❼丁小梅则从科技伦理角度出发，归纳出智能家电产品存

---

❶ 胡姣，李岳洪，高英杰.浅析基于物联网智能家电的通信安全评估方法与实践[J].日用电器.2022（1）11-15.

❷ GUPTA A, GUPTA H P, BISWAS B, et al.An Unseen Fault Classification Approach for Smart Appliances Using Ongoing Multivariate Time Series[J].IEEE T ransactions on Industrial Informatics, 2021, 17（6）: 3731-3738.

❸ 徐庆伟.智能家电发展与研究现状分析[J].现代商贸工业.2010, 22（8）101-102.

❹ 詹林其，徐建平，陈军，等.智能家电互联互通的现状分析[J].电子产品可靠性与环境试验.2021, 39（4）: 98-101.

❺ 燕雪婷，王雪龙，都昱君，等.适老性智能家居系统研究与应用[J].建筑经济.2021, 42（S1）: 34-38.

❻ FORCHUK C, SERRATO J, LIZOTTE D, et al. DevelOping a Smart Home Technology Innovation for People With Physical and Mental Health Problems: Considerations and Recommendations[J]. JMIR mHealth and uHealth. 2022, 10（4）: e25116-e25116.

❼ GUAN A, DANNEWITZ H, et al. Perceptions, Acceptability, Expectations, and Concerns of Smart Home Technologiess Among Oleder Adults[J].Innovation in Aging.2019（3）: S881-S882.

在包括过度设计、公平性与安全性等伦理冲突问题,并提出智能家电产品的更迭需要进一步完善行业伦理规范及法律法规。❶

4.智能家电能源消耗研究

迈克尔·大卫·苏扎·杜特拉(Michael David Souza Dutra)等从能源再生角度出发,提出面向智能家电的现实、高效的家庭能量管理调度模型。❷ 乔汉·拉吉夫·库马尔(Chauhan Rajeev Kumar)等为解决能耗问题,提出智能能量管理系统(SEMS)以解决智能电器能源浪费问题。❸ 宋子晔等也从能源配置出发,优化改进并给出创新的智能家电管理系统的工作模型。❹ 焦利敏等则以立足"双碳战略"探讨智能家电产业节能低碳方法研究及应用。❺

(二)智能家电竞争壁垒研究

1.基于标准和认证等规则对智能家电产业的影响与启示

张南雪鉴于全球能源危机及节能减排驱使下欧美等发达经济体多方制定并快速更新能效要求这一背景,梳理中国包括智能家电在内的家电产业面临的能效壁垒情况并提出应对措施。❻ 张学军等介绍了中国智能家电出口产品遭遇欧美等发达国家技术壁垒情况,并提出相应的应对措施。❼ 玛雅姆·坦纳班德(Maryam Tanabandeh)等认为,随着美国不断提高针对中国智能制造产品贸易的技术壁垒,中国的研发类智能制造产品出口竞争力将被削弱,但并未改变中

---

❶ 丁小梅.智能家电伦理问题的审视和思考[D].合肥:安徽大学.2021.

❷ DUTRA SOUZA M D, ANJOS F Mnjos, et al. A Realistic Energy Optimization Model for Smart-Home Appliances [J] .International Journal of Energy Research.2019, 43(8): 3237−3262.

❸ CHAUHAN R K, CHAUHAN K, et al.Optimization of Electrical Energy Waste in House Using Smart Appliances Management System—A Case Study [J]. Journal of Building Engineering.2022(46).

❹ 宋子晔,秦陶,牛擎宇,等.基于智能家电管理的家庭能源管理系统综述[J].建筑节能(中英文).2021, 49(9): 171−177.

❺ 焦利敏,李红伟,曲宗峰,等.智能家电碳达峰碳中和标准、认证研究与实践[J].中国标准化.2021(10): 44−50, 54.

❻ 张南雪.国外能效壁垒对我国家电出口的影响及其应对策略[J].对外经贸实务.2018(5): 42−45.

❼ 张学军,邓绍俊,徐晓光,等.智能家电产品出口面临的技术壁垒及对策研究[J].标准科学.2021(11): 34−37.

国智能制造产品在全球贸易网络结构中的中心地位这一事实。❶

2. 智能家电产品或企业知识产权个案分析

美的、小米、海尔、海信、紫光展锐科技有限公司等智能家电企业共同探讨针对物联网及智能家电产业的特性，寻找到更合理、更经济、更公平的Wi-Fi标准必要专利许可模式的必要性。❷刘超等比对了海尔、小米、美的、三星等智能家电产业头部企业的专利布局相关数据，分析这类企业在未来智能家电及智能家居市场竞争的方向与策略。❸荀亮专门分析了智能电源专利状况，指出中国智能电源自主知识产权状况亟待加强。❹Cujo LLC 公司❺则详细分析了智能电器网络安全分析相关专利。❻帕德力克·希基（Patrick Hickey）等通过面板数据模型及其分析法对中国2010—2019年拥有自主知识产权的智能制造产品出口情况进行实证研究，结果显示税收政策、技术创新与研发能力等因素对中国智能制造产品出口具有显著正相关。❼

（三）国内外相关文献研究评述

目前，关于知识产权贸易壁垒的研究主要集中在壁垒的表现形式及具体应对方式，以及基于相关数据以定性或定量方法探讨企业遭遇知识产权贸易壁垒的原因，从而给出对策建议。在宏观研究基础上，延伸出相关出口产业的具

---

❶ Maryam T., Sanjar S., Masoud P. A Systematic Mapping Study on Risk Management in the Export Development of High-tech Products [J].Journal of Science and Technology Policy Management，2019，10（3）：834-855.

❷ 北京知识产权司法保护研究会.智能家电及IOT行业Wi-Fi标准必要专利许可模式研究报告[R].北京知识产权司法保护研究会，2021.

❸ 刘超，徐志方，马成东，等.从专利布局现状分析国内外智能家居企业竞争策略.电视技术[J].2019，43（7）：73-80.

❹ 荀亮.中国智能电源专利状况分析及相关建议[J].中国发明与专利.2015（3）：59-61.

❺ 该外国企业在中国无子公司，因此无对应的企业中文名称，为避免误导读者，本书不对无中文名称的外国企业进行直译，以免产生歧义。下文再出现英文公司名称，均属于此种情形，不再赘述。

❻ CUJO LLC.Patent Issued for Network Security Analysis For Smart Appliances（USPTO 10，560，280）[J].Network Weekly News 2020.

❼ HICKEY P，KOZLOVSKI E.E-strategies for Aftermarket Facilitation in the Global Semiconductor Manufacturing Industry [J].Journal of Enterprise Information Management.2020.33（3）：457-481.

体研究和案例分析，特别是面对当前人工智能、通信技术等知识产权竞争的白热化及国家发展战略的需要，智能家电产业的研究日益丰富。现有研究主要集中在智能家电技术应用方面，如各类物联网、人工智能交互等技术在智能家电研发与应用的可行性及升级性的分析；从产业趋势角度，分析智能家电/家居行业的发展现状、驱动因素及发展前景；从人本主义出发，探究智能家电产品消费体验、"适老化"及科技伦理等。有关智能家电产业竞争壁垒方面的研究，主要集中在基于标准、认证等规则，梳理国内外智能家电标准化差异，探讨智能家电出口面临的技术性贸易壁垒及应对策略以及案例研究等。但现有文献均未将智能家电与知识产权，尤其是产业国际竞争与知识产权贸易壁垒，进行综合分析，对智能家电产业出口过程中遭遇的知识产权贸易壁垒方面的研究相对较少。

基于此，将广东省智能家电产业海外知识产权贸易壁垒作为研究对象，在选题上具有一定的创新性。同时，面对国际形势的变化、区域合作的深入及对外开放的新要求，如何在新形势下优化智能家电产业国际竞争格局，增强企业出口竞争力，开展智能家电产业海外知识产权贸易壁垒研究尤为必要。

第三节　研究内容及方法

一、研究内容

本书基于广东省智能家电产业发展、出口市场和全球专利布局现状，梳理智能家电产业主要出口市场的市场准入政策和知识产权保护政策，在此基础上，系统整理了十余年来广东省智能家电产业涉海外知识产权贸易壁垒案件，并对重要案件进行深入研究，分析总结智能家电产业在国际市场竞争中遭遇的主要知识产权贸易壁垒形式，尝试分析各种壁垒出现的主要原因及其影响，对如何在当前国际竞争格局中，提高智能家电企业海外知识产权风险应对能力和出口竞争力提出针对性建议。本书主要涵盖以下内容。

（1）智能家电产业发展现状。基于智能家电产业链全景，分析广东省智能家电细分产业在全球智能家电产业链中的位置,并着重比较主要企业专利布局与国际巨头的差异。

(2)主要出口市场智能家电产业市场准入和知识产权保护政策措施。重点梳理智能家电产业主要出口市场的市场准入政策、知识产权保护政策及发展趋势,分析企业出口过程中可能存在的壁垒,探讨各种保护政策的作用与影响。

(3)智能家电企业遭遇海外知识产权贸易壁垒现状。依托专利数据库、美国国际贸易委员会官方网站电子文档数据系统(Electronic Document Information System,EDIS)等数据资源,以广东省数据为例,深入分析智能家电企业在国际专利、商标等知识产权诉讼纠纷及涉美国"337调查"情况,总结智能家电产业存在的海外知识产权贸易壁垒类型及本质。

(4)应对海外知识产权贸易壁垒存在的问题和对策建议研究。根据智能家电企业遭遇的海外知识产权贸易壁垒现状,及主要出口市场市场准入和知识产权保护政策,实地调研了解智能家电企业在应对不同类型海外知识产权贸易壁垒中存在的主要问题,并提出具体的应对建议,为政府制定政策和企业规避潜在的海外知识产权风险提供参考。

(5)智能家电企业应对海外知识产权贸易壁垒案例研究。基于广东省智能家电各个产业链涉及知识产权贸易壁垒的典型案例,深入剖析智能家电企业涉案的缘由、应诉方式、应诉效果等,归纳总结出口企业应对海外知识产权贸易壁垒及维护自身权益的策略。

二、研究方法

本书采用文献研究法、问卷调查法、比较分析法、分析归纳法、案例分析法、实地调研法六种分析方法展开研究。

(1)文献研究法。利用电子资源库、互联网等广泛查阅相关文献资料,梳理现有研究成果及主要出口市场的市场准入和知识产权保护政策等文件,总结智能家电产业出口过程中面临的政策和规则方面的制度安排。

(2)问卷调查法。通过发放调查问卷了解广东智能家电企业遭遇知识产权贸易壁垒的现状，以及省内相关企业的知识产权管理、产品研发等情况，为梳理总结智能家电企业遭遇的知识产权贸易壁垒类型提供分析依据。

（3）比较分析法。通过比对智能家电产业全球专利布局中广东省和全球技术领域分布特征，以及广东省主要龙头企业和国际巨头的专利技术领域布局情况，分析广东省智能家电产业知识产权布局在全球的地位。

（4）分析归纳法。通过梳理智能家电产业主要出口市场各类市场准入和知识产权保护政策，分析企业遭遇的知识产权贸易壁垒典型案例，归纳总结广东省智能家电产业遭遇知识产权贸易壁垒现状，分析知识产权贸易壁垒的主要类型及本质，提出知识产权贸易壁垒的应对建议，为企业顺利"走出去"提供智力支撑。

（5）案例分析法。借助问卷调查结果、美国国际贸易委员会EDIS系统、中国贸易救济信息网及商业知识产权数据库等资源，收集广东省智能家电企业遭遇海外知识产权贸易壁垒的主要案件，并甄选典型案例，在阐述案件概况基础上，重点分析涉案双方发生诉讼的背景、采取的应对策略，总结应对经验。

（6）实地调研法。针对广东省智能家电重点企业开展实地调研，详细了解企业在海外知识产权布局、知识产权贸易壁垒纠纷等情况，收集企业在应对海外知识产权及技术性贸易壁垒存在的主要困难，以及对政府部门、行业协会等推进知识产权保护的相关诉求。

第四节 技术路线图

本书具体技术路线如图 1-1 所示。

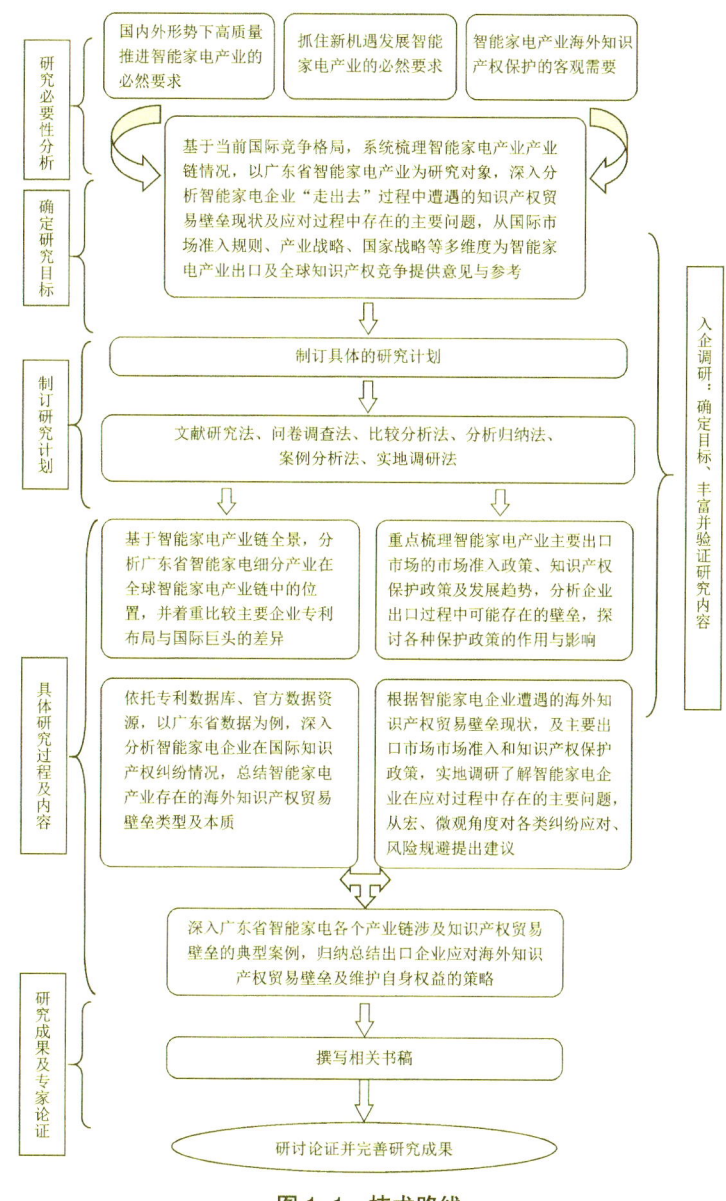

图 1-1 技术路线

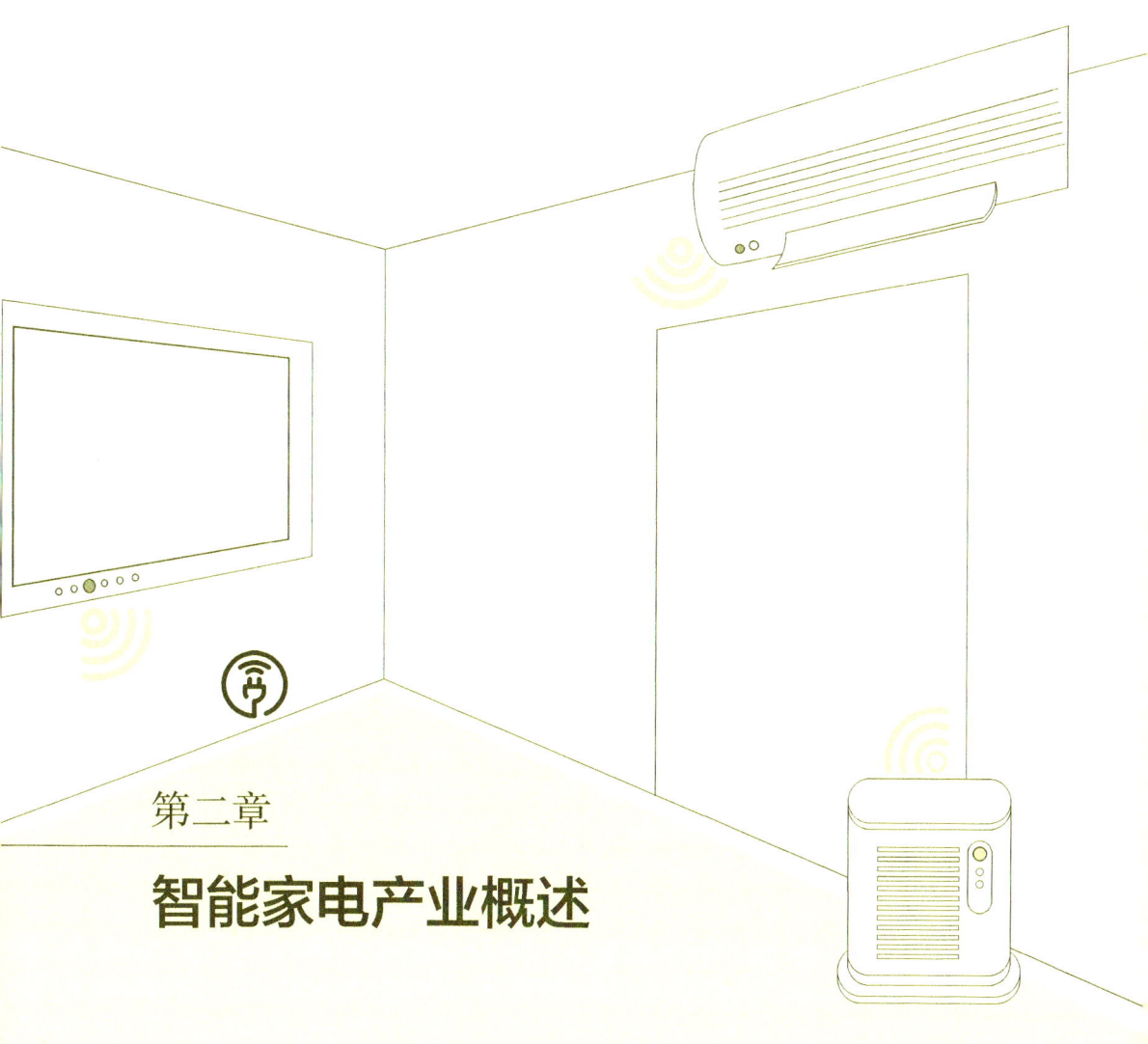

第二章
智能家电产业概述

智能家电是传统家电与新一代信息技术融合的产物。随着新技术、新材料、新工艺等技术不断发展及应用,家电智能化、网络化趋势明朗,智能家电产业具有良好的发展前景。分析智能家电产业链全景、产业规模、出口市场及企业专利布局和专利价值情况,为深入研究智能家电产业出口过程中遭遇的知识产权贸易壁垒问题提供基础支撑。

第一节 产业链全景概况

智能家用电器是指应用了智能化技术或具有了智能化能力/功能的家用和类似用途电器。智能家用电器可简称为智能家电,也可称为智慧家电、人工智能家电等。❶ 智能家电是将微处理器、传感器技术、网络通信技术引入家电设备后形成的家电产品,具有自动感知住宅空间状态和家电自身状态、家电服务状态,能够自动控制及接收住宅用户在住宅内或远程的控制指令;同时,智能家电作为智能家居的组成部分,能够与住宅内其他家电和家居设施互联组成系统,实现智能家居功能。因此,智能家电已不再是一个独立的终端电器,而是与通信网络、服务平台共同组成的智能家电系统。

一、智能家电产业链的构成

回顾中国家电行业过去三四十年的发展历程可以发现,家电产品的消费品形态、生产制造方式、销售渠道均发生了巨大变化。随着产业不断向纵深方向发展,企业间竞争也愈加激烈。产业链和供应链作为制造业企业竞争的制胜要素,不仅体现了企业资源配置能力和市场竞争力,更是维持经济稳定和增强社会韧性的关键。当前,产业链、供应链的稳定性与竞争性更是上升到了国家战略安全高度,厘清产业链和供应链各环节,补齐短板,锻造长板,对于未来产业发展至关重要。

如图2-1所示,智能家电产业链主要分为上游原材料、零部件及技术,中游设计、制造,下游家电销售及消费者,以及绿色回收环节。

---

❶ 国家标准 GB/T 28219-2018《智能家用电器通用技术要求》对智能家电的定义。

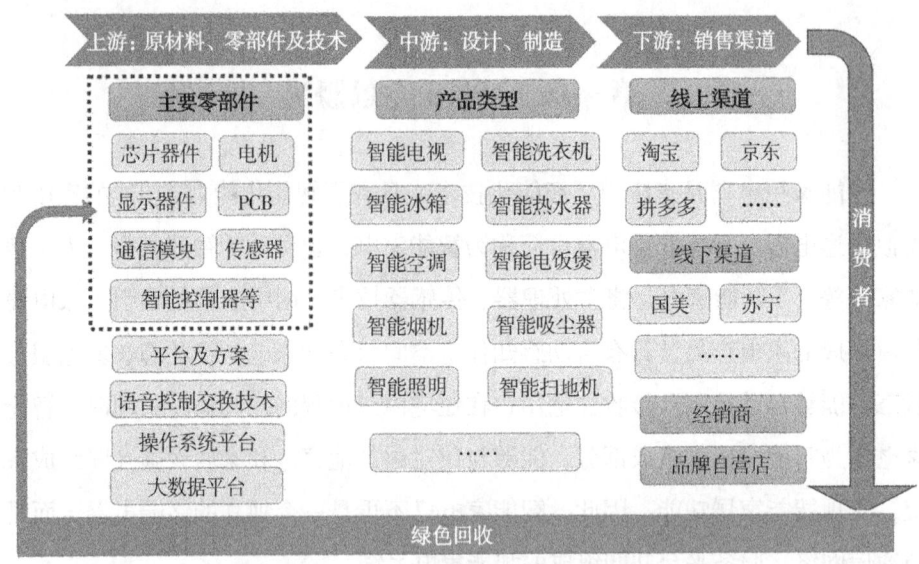

图 2-1 智能家电产业链

从产业链各环节来看,智能家电行业上游主要是技术层,包括元器件供应、中间件供应和基础层。其中,元器件供应包括芯片、传感器、印刷线路板(Printed Circuit Board,PCB)和电容等;中间件供应包括通信模块、智能控制器等;基础层包括人工智能(Artificial Intelligence,AI)技术、电信和云服务等,贯穿产业链上游和中游。产业链上游的关键零部件主要有智能芯片、通信模块、智能控制器、传感器、白家电的压缩机、电机等。由于不同家电品类所需要的原材料和零部件各不相同,上游原材料和零部件环节具有覆盖范围广、品牌多元化的特点。生产商主要有英特尔公司、意法半导体集团、德州仪器、霍尼韦尔、惠亚集团、TDK集团公司、代傲集团、深圳拓邦股份有限公司、无锡和晶科技股份有限公司、中颖电子股份有限公司等。

中游设计、制造环节是家电产业链的核心环节,制造商根据人们需求和科技发展制造出不同的家电产品,如电视、洗衣机、冰箱、空调、热水器、烟机、照明用具等,品类繁多。全球智能家电外资品牌主要包括松下、博世、大金、东芝、三菱、LG、西门子、惠而浦、飞利浦、夏普等。国内智能家电品牌主要包括海尔、美的、格力、海信、小米、创维、康佳、TCL、长虹、格兰仕等。

下游销售渠道环节包括综合电商平台，如淘宝网、京东商城、拼多多等，以及以家电为主的线下渠道商，如苏宁易购和国美电器等。此外，随着家电产品进入更新换代高峰期，废旧家电产品回收问题尤为突出，创建全链路数字化绿色回收也成为产业链的重要一环。

二、智能家电产业链发展

中国作为传统家电行业的消费大国，实现了由短缺到丰富充裕的巨大转变，空调、冰箱、彩电、洗衣机等一大批家电产品的产量不仅居世界首位，而且在打造高端化、产品和技术创新领域也成绩斐然，正向价值链高端稳步攀升。

当前全球家电制造主要分布在中国、欧洲、美国、日本及韩国等国家或地区。从中国家电企业区域分布来看，家电产业链上的企业主要分布在广东省、福建省、浙江省、安徽省、上海市、江苏省及山东省等地。全球家电看中国，中国家电看广东。广东省智能家电产业规模占全国比重超四成[1]，其中电视机、空调、冰箱、厨房电器、照明灯饰等产品规模全国第一，已形成深圳市、佛山市、东莞市、珠海市、中山市、惠州市和湛江市为聚集地的家电产业集群，具有覆盖微电脑控制器、电机、压缩机、磁控管等核心部件的完备产业链，是全球规模最大、品类最齐全的家电制造业中心。鉴于广东省在产业规模、创新能力、产业链配套、知名度和行业竞争能力等方面在全国乃至全球均保持领先地位，成为引领和带动中国家电产业发展的核心地区，本书以广东省智能家电产业为研究对象，通过分析广东智能家电产业出口和专利布局等基本情况，整理汇总广东省智能家电企业出口过程中遭遇的知识产权贸易壁垒纠纷案例信息并结合实地调研收集的案例资料，总结中国智能家电产业遭遇的知识产权贸易壁垒主要类型，分析智能家电企业应对过程中存在的主要问题并提出对策建议。

---

[1] 中商产业研究院.2021年中国智能家电市场回顾及2022年发展趋势预测分析［EB/OL］.（2022-03-29）［2022-05-19］.https://www.askci.com/news/chanye/20220329/1148301746819.shtml.

第二节 产业规模和出口情况

智能家电产业集群包含国民经济行业分类中的电气机械和器材制造业、计算机、通信和其他电子设备制造业、通用设备制造业3个大类9个中类中的28个小类。随着数字消费新业态、新模式正深刻改变人们的消费习惯，家电消费需求回暖，产业规模不断扩大，出口增长较快。

一、产业规模

2021年中国智能家电市场规模达5500亿元，同比增长6.70%。家用电冰箱产量8992.1万台，同比下降0.25%；房间空气调节器产量21 835.7万台，同比增长3.81%；彩色电视机产量18 496.50万台，同比下降5.76%。[1]高端、绿色的智能家电产品已成为全球家电市场增长的驱动力，特别是具备技术优势、创新能力、附加值的产品和与消费者价值观贴合的产品，更会带来"溢价"的空间。

2021年广东省规模以上工业增加值37 453.05亿元，同比增长9.00%。其中，传统家电积极应对市场变化，通过进行智能化升级不断得到消费者认可，重点产品智能化比例明显提高。智能家电战略性支柱产业集群增加值增长13.20%。智能电视产量7418.27万台，占彩色电视机产量比重高达75.61%，比上年提高15.94个百分点；家用电冰箱产量和房间空气调节器产量分别达2091.56万台和6736.25万台，占全国的比重达23.26%和30.85%。[2]可穿戴智能设备和服务机器人保持快速增长态势，智能手环、智能手表和服务机器人产

---

[1] 国家统计局.年度情况统计［EB/OL］.［2022-09-02］.https://data.stats.gov.cn/easyquery.htm? cn=C01&zb=A0I0906&sj=2021.

[2] 广东省统计局.2021年广东经济运行情况分析［EB/OL］.（2022-02-22）［2022-05-20］.http://stats.gd.gov.cn/tjfx/content/post_3817611.html.

量分别增长23.40%、42.80%和41.50%。❶

二、典型家电产品出口情况

中国是全球最大的家电生产国与贸易国。海关总署发布的数据显示，2021年，中国家用电器出口金额6382亿元人民币，同比增长14.10%，出口量38.73亿台❷，同比增长10.10%。家电产品成为机电产品中继集成电路、手机、计算机（包括笔记本）产品后，第四个突破千亿元人民币出口规模的产品。

2021年，广东省外贸出口总额为50 528.7亿元，对美国、欧盟、东盟、日本和韩国出口额分别达8616.6亿元、7183.6亿元、6141.6亿元、1816.3亿元和1194.3亿元，分别比上年同期增长16.60%、23.40%、13.40%、9.50%和20.90%，出口额占广东省出口总额的比重分别为17.05%、14.22%、12.15%、3.59%和2.36%。❸其中，广东省家用电器出口额3282.7亿元，同比增长13.20%❹，占全国家用电器出口额的51.45%。❺主要出口市场除美国、欧盟、东盟、日本和韩国外，还销往俄罗斯、加拿大、澳大利亚、墨西哥等众多国家。主要出口产品包括电扇、冰箱、洗衣机、空调等家用电力器具制造，电视机为主的非专业视听设备制造和无线电广播接收设备为主的智能消费设备制造。

其中，广东省智能家电产品在全国出口中占据绝对优势的品类主要为微

---

❶ 广东省统计局.2021年广东省国民经济和社会发展统计公报［EB/OL］.（2022-03-02）［2022-05-20］.http://stats.gd.gov.cn/tjgb/content/post_3836135.html.

❷ 中华人民共和国海关总署.2021年12月出口主要商品量值表［EB/OL］.（2022-01-28）［2022-09-06］.http://www.customs.gov.cn/customs/302249/zfxxgk/2799825/302274/302277/302276/4127886/index.html.

❸ 广东省统计局.2021年广东省国民经济和社会发展统计公报［EB/OL］.（2022-03-02）［2022-05-21］.http://stats.gd.gov.cn/tjgb/content/post_3836135.html.

❹ 中华人民共和国海关总署广东分署.2021年12月广东省出口重点商品总值表［EB/OL］.（2022-01-27）［2022-05-20］.http://gdfs.customs.gov.cn/guangdong_sub/zwgk62/sjgb59/4149361/index.html.

❺ 中华人民共和国海关总署.2021年12月出口主要商品量值表［EB/OL］.（2022-01-18）［2022-05-20］.http://www.customs.gov.cn/customs/302249/zfxxgk/2799825/302274/302277/302276/4127886/index.html.

波炉、电视机、电扇、空调等。如表2-1所示，2021年广东省微波炉出口额182.59亿元，占全国微波炉出口总额的73.69%，出口额排名前三的国家为美国、日本和英国；电视机出口额685.39亿元，占全国电视机出口总额的65.47%，出口市场排名前三的国家为美国、墨西哥和越南；电扇出口额225.51亿元，占全国电扇出口总额的63.18%，出口额排名前三的国家为美国、日本和韩国；空调出口额321.38亿元，占全国空调出口总额的61.44%，出口市场排名前三的国家为日本、美国和印度尼西亚；冰箱、吸尘器和洗衣机的出口量也占据一定比重。综上所述，广东省家用电器产品出口占全国的半壁江山，中国每10台出口的家电产品中，来自广东省的产品占了5台以上，微波炉、电视机、电扇和空调的出口更是占全国同品类产品出口的6～7成。这一体量意味着广东省智能家电产品出口过程中遇到的知识产权贸易壁垒问题，基本可以囊括中国整个智能家电产业在"走出去"过程中可能遭遇的绝大部分知识产权贸易壁垒潜在问题和风险，因此，以广东省智能家电产业为研究对象，具有典型性和风向标作用。

表2-1　2021年广东省智能家电主要产品出口数据

主要商品	全国		广东省		广东省占全国比重	
	出口量/万台	出口额/亿元	出口量/万台	出口额/亿元	出口量/%	出口额/%
微波炉	7269	247.79	6268	182.59	86.23	73.69
电视机	8463	1046.91	6038.17	685.39	71.35	65.47
电扇	36 111	356.93	21 524	225.51	59.61	63.18
空调	5277	523.08	3044	321.38	57.68	61.44
冰箱	7116	654.63	2713	245.62	38.13	37.52
吸尘器	16 248	431.59	3377	124.68	20.78	28.89
洗衣机	2191	201.93	225	22.49	10.27	11.14

注：根据中华人民共和国海关总署广东分署官网统计。

第三节　主要智能家电产品专利技术分析

截至 2021 年 12 月 31 日，广东省智能家电产业拥有的已公开或公告的专利申请量超过 120 万件❶❷。其中，授权量超过 78 万件，维持有效状态的专利占 55.86%。如表 2-2 所示，技术领域主要分布在 G06F（电数字数据处理）、H04L（数字信息的传输）、F21V（照明装置）、H04W（无线通信网络）、H04N（图像通信）和 F24F（空气调节）等方面。广东省智能家电企业更多集中在研发照明灯具、电视、空气调节器（空调、加湿器、抽湿机等）产品，并在此基础上提高其智能化水平。❸ 而国外智能家电产业拥有的已公开或公告的专利申请量超 1690 万件，其中，授权量超过 770 万件，维持有效状态的专利占 21.07%。❹ 技术领域主要集中在 G06F（电数字数据处理）、H01L（半导体器件）、H04N（图像通信）、H04L（数字信息的传输）、G02B（光学元件）、G11B（基于记录载体和换能器之间的相对运动而实现的信息存储）和 B01D（分离）等方面。广东省内申请量占比靠前的 F24F（空气调节）在海外申请量占比不高。总体来看，广东省智能家电产业技术领域布局与全球产业专利布局差异较大，尤其在半导体器件、电池、芯片等方面专利布局与全球相比差距明显。

表 2-2　2003—2021 年广东省与全球智能家电产业 IPC 分类主要技术领域对比

广东省 IPC 分类前十大技术领域	广东省 IPC 分类占产业申请总量比重 /%	全球 IPC 分类前十大技术领域	全球 IPC 分类占产业申请总量比重 /%
G06F	10.32	G06F	11.82

---

❶ Incopat 数据库. 专利检索［EB/OL］.［2022-07-05］.https://www.incopat.com/.
❷ 本章节其他专利申请数据来源、检索时间与此一致。
❸ 智能家电产业 IPC 分类号根据《广东省工业和信息化厅　广东省发展改革委　广东省科学技术厅　广东省农业农村厅　广东省统计局　广东省能源局关于印发广东省战略性产业集群统计口径（试行）的通知》中明确的智能家电产业统计口径，并结合 2017 年国民经济行业分类和国际专利分类表（2022 版）汇总整理。
❹ 此处统计口径为除中国之外的其他国家和地区。

续表

广东省 IPC 分类前十大技术领域	广东省 IPC 分类占产业申请总量比重 /%	全球 IPC 分类前十大技术领域	全球 IPC 分类占产业申请总量比重 /%
H04L	6.58	H01L	9.47
F21V	4.96	H04N	6.48
H04W	4.38	H04L	5.41
H04N	4.04	B65D	3.89
F24F	3.34	G02B	3.53
F21S	3.18	G11B	3.45
F21Y	3.16	B01D	3.03
A47J	2.91	H04W	2.99
H01R	2.84	H01M	2.44

基于广东省智能家电产品出口主要集中在家用电力器具制造、非专业视听设备制造、照明器具制造和智能消费设备制造等细分领域，本节着重选取以上细分领域主要产品类型进行专利技术分析，即家用温度控制类空气调节器产品（空调）、家用照明产品、应用电视产品及家用智能清洁领域产品（扫地机器人）。同时，本节将从体现专利技术价值、法律价值、战略价值的被引用、专利规模、涉诉情况等维度，对近 20 年相关技术领域主要专利进行分析。❶

一、家用温度控制类空气调节器产品专利技术领域对比分析

家用温度控制类空气调节器产品，指使用交流电源（制冷量 14 000W 及以下）调节室内温度、湿度的房间空气调节器，主要产品包括空调等。

（一）家用温度控制类空气调节器产品专利技术领域对比

通过对温度控制类空气调节器产品近 20 年的专利申请量数据统计分析发现，广东省温度控制类空气调节器产品的专利技术主要集中在 F24F（空气调节；空气增湿；通风）和 F28B（制冷机；制冷设备或系统）两个 IPC 小类

---

❶ 专利统计排除了"失效""PCT 指定期满"等专利权无法实施的情况。

上，占比分别达 80.71% 和 9.20%。效率提高类产品的专利申请数量逐年上升，并于 2015 年开始超过降低复杂度的专利申请数量，成为目前研发的主流方向。智能化、便利化技术主要集中在 G05B（清洁；一般污垢的防除）和 B08B（一般的控制或调节系统），但申请数量相对较少。而在近 20 年广东省内申请的温度控制类空气调节器产品专利中，63.62% 的专利维持有效状态，其中，88.32% 的有效专利属于 F24F 小类。如图 2-2 所示，温度控制类空气调节器产品专利主要掌握在美的及其相关事业部与格力手中，分别占比 55.95% 和 26.10%，其他企业的占比均在 6.00% 以下。美的及其相关事业部与格力是该领域的龙头企业。

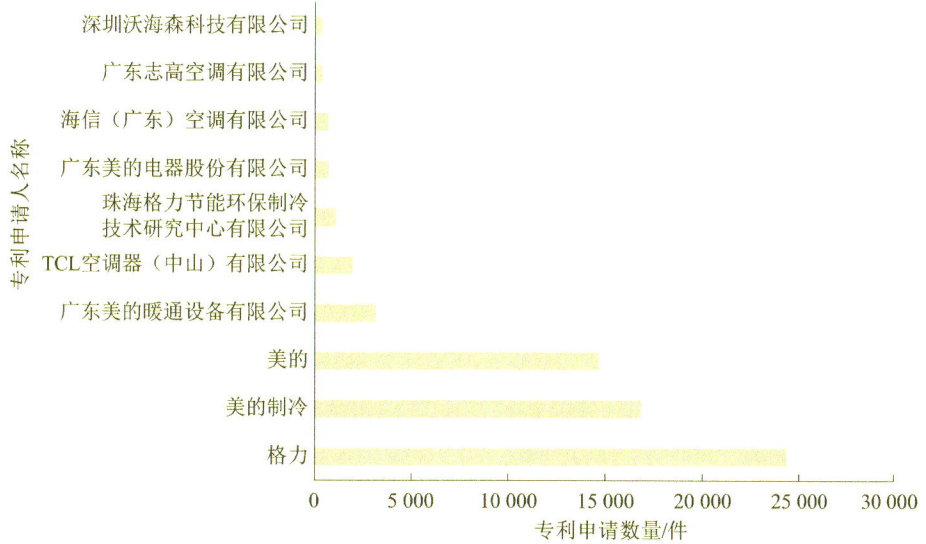

图 2-2 2003—2022 年 ❶ 广东省温度控制类空气调节器产品专利申请人排名

海外温度控制类空气调节器产品的专利技术主要集中在 F24F 和 F25B（制冷机；制冷设备或系统，加热和制冷的联合系统）类别，合计占该领域 IPC 分类的 82.02%，仍属于传统温度控制类技术领域。如图 2-3 所示，申请人以 LG、三菱、三星、大金等日韩企业为主。而在近 20 年海外申请的温度控制类空气调节器产品专利中，仅有 22.70% 的专利维持有效状态，主要集中在 F24F

❶ 本节图表数据统计时间为 2003 年 1 月 1 日至 2022 年 6 月 30 日。

和 F28B 小类，三菱和 LG 有效专利量分别占该分类号有效专利量的 11.16% 和 10.65%，该行业目前的有效专利没有被头部企业完全掌握，分布较为分散。

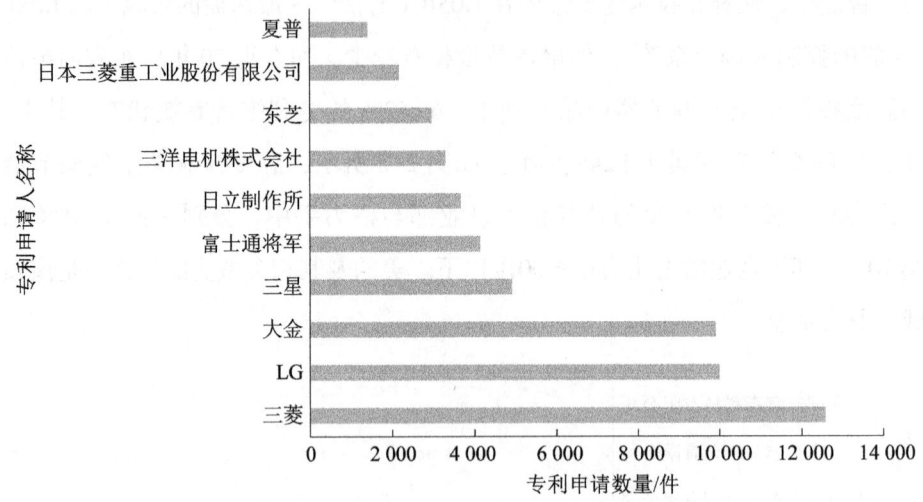

图 2-3　2003—2022 年海外温度控制类空气调节器产品专利申请人排名

（二）当前全球空调技术领域主要专利分析❶❷

温度控制类空气调节器产品领域选取出口规模占比较高的空调进行典型产品专利分析，通过整理汇总 2003—2022 年全球空调技术领域有效专利数据，分别从高频被引专利、专利家族规模、专利涉诉次数及中国专利金奖角度进行专利质量分析。

1. 空调技术领域高频被引用专利分析

专利被引用次数是衡量专利质量高低的重要指标。如表 2-3 所示，当前空调领域高频被引专利多为国外权利人持有。江森自控持有的 US8219249B2 专利被引次数最多，达 260 件。该项专利涉及 16 个 IPC 小类，应用领域广泛，引用该专利的申请人包括谷歌、艾默生、三菱、LG、霍尼韦尔等行业领头企业。格力仍在"审中"❸状态的 CN109889124A 是中国唯一一件高频被引用专利，

---

❶ 智慧芽. 专利数据库［EB/OL］.［2022-09-05］. https://home.zhihuiya.com/#/.
❷ 本节关于各类细分领域"主要专利分析"的数据来源、检索时间与此一致。
❸ "审中"指当前专利处于审查过程中。

被引频率达 233 次。引用该专利的申请人包括中国电建集团下属的相关公司、河北多家新能源公司等，被引用申请人所属行业领域广泛且该发明专利并未引用任何在先专利，在一定程度上反映了中国空调技术在全球领域具有先进性。

表 2-3　2003—2022 年空调领域高频被引用专利统计

专利号	专利名称	当前权利人	被引用频率/件
US8219249B2	室内空气质量控制器和用户界面	江森自控	260
US7444251B2	暖通空调设备故障检测与诊断	三菱	255
CN109889124A	一种提高正反向效率的正反转电机及其控制方法	格力	233
US8239066B2	用于供暖、通风和空调网络的用户界面仪表板的系统和方法	雷诺士公司（Lennox Industries, Inc.）	200
US8091375B2	空调系统湿度控制	Trane International Inc	159

2. 空调技术领域同族专利规模分析

同族专利的数量与分布情况反映了专利布局的广度和保护力度。如表 2-4 所示，空调领域同族专利规模最大的为谷歌持有的 CN106288191B 专利，包含 616 件同族，涉及 5 个 IPC 小类，专利布局分布在美国、欧洲等 10 个国家/组织/地区。紧随其后的是科慕埃弗西有限公司（CShemours Company FC LLC）的 JP2022075842A 专利，其同族专利规模为 554 件，集中在 2 个 IPC 小类即 C09K（不包含在其他类目中的各类应用材料及材料的各类应用）、F25B，并在 28 个国家/地区/组织进行了布局。此外，韩国的大金和 LG 布局的同族专利也较多。

总体来看，美国和韩国智能家电企业高度重视全球专利布局，同族专利规模和布局地域均具比较优势，中国企业在全球同族专利布局方面优势不足。值得注意的是，同族专利规模排名靠前的专利均为 2022 年最新公开（公告），除展现技术先进性与创新性外，其同族专利的规模在一定程度上体现了技术的配套价值。

表 2-4 2003—2022 年空调技术领域专利家族规模统计 ❶

专利号	同族专利数量❷/件	简单同族专利❸数量/件	专利名称	公开日	当前权利人	同族受理局/组织代码
CN106288191B	616	15	处理并报告用于网络连接恒温器控制的 HVAC 系统的使用信息	2022-08-25	谷歌	CN、US、EP、CA、JP、TW、KK、ES、BR
JP2022075842A	554	20	含氟烯烃的组合物及其用途	2022-05-18	科慕埃弗西有限公司	AU、AR、BR、CA、CN、DE、DK、EP、ES、GC、HUE、IT、INPCT、KR、JP、LT、MX、MY、PL、PY、RU、SA、SG、SI、US、WO
CN114838515A	404	156	制冷循环装置	2022-08-02	大金	AU、BR、CN、EP、US、IN、VN、MY、ID、ZA、WO、KR、JP、TH、PH

---

❶ 各国/地区/组织专利受理局国别代码:阿根廷(AR)、奥地利(AT)、澳大利亚(AU)、巴西(BR)、加拿大(CA)、中国(CN)、塞浦路斯(CY)、捷克(CZ)、德国(DE)、丹麦(DK)、欧亚专利局(EA)、爱沙尼亚(EE)、欧洲专利商标局(EP)、海湾地区阿拉伯国家合作委员会专利局(GC)、中国香港(HK)、克罗地亚(HRP)、匈牙利(HUE)、印度尼西亚(ID)、印度(IN)、以色列(IL)、印度(IN)、冰岛(IS)、意大利(IT)、日本(JP)、韩国(KR)、立陶宛(LT)、黑山共和国(ME)、中国澳门(MOJ)、墨西哥(MX)、马来西亚(MY)、挪威(NO)、荷兰(NL)、新西兰(NZ)、菲律宾(PH)、波兰(PL)、葡萄牙(PT)、塞尔维亚(RS)、俄罗斯(RU)、沙特阿拉伯(SA)、新加坡(SG)、斯洛伐克(SK)、圣马力诺(SM)、斯洛文尼亚(SI)、泰国(TH)、土耳其(TR)、中国台湾(TW)、英国(UK)、美国(US)、越南(VN)、世界知识产权组织(WO)、南非(ZA)。

❷ 同族专利:即 PatSnap 同族,指专利之间直接或者间接有至少一个相同的优先权,并且包含专利的所有分案、PCT 申请、接续案。

❸ 简单同族专利(Simple Patent Family):指一组同族专利中所有专利都以共同的一个或几个专利申请为优先权。

续表

专利号	同族专利数量/件	简单同族专利数量/件	专利名称	公开日	当前权利人	同族受理局/组织代码
CN114963368A	383	10	加湿净化装置	2022-08-30	LG	CN、DE、EP、JP、KR、US、WO、IN
CN111623438B	321	11	空气清洁器	2022-08-02	LG	CN、DE、EP、JP、KR、US、WO、IN

3. 空调技术领域涉诉专利分析

专利的诉讼情况是其法律价值、经济价值乃至战略价值的直接体现，也是权利人知识产权维权的重要方式。如表 2-5 所示，总体来看，空调领域的诉讼量并不高，主要集中在中国。出现诉讼最多的是格力的 CN102865695B 专利，该项专利涉诉量达 43 次，同时历经多次美国专利审查和上诉委员会复审无效程序，但均判定为不侵权及发明专利维持有效，展现了该专利较强的技术稳定性、专利侵权的可判定性及防范进攻的战略性。格力的其他两项专利 CN204648474U 与 CN204648473U 也均涉 5 起诉讼，且作为组合专利同时涉诉，这两项专利除了侵权诉讼外，还涉及相关行政诉讼。

CN101672499B 专利的诉讼均由发明人提起，持有人为山东的一家空调制造公司，其诉讼对象涉及多个领域，体现了该项专利拥有较广的市场应用范围。

CN100476321C（以下简称"21C 专利"）专利，同样不仅涉及侵权诉讼同时也被多次提起复审无效程序，该项专利涉及 5 个 IPC 小组，应用领域较广泛，并在 9 个国家/组织/地区申请专利布局，21C 专利及其同族专利在全球被引用 41 次，具有一定的先进性。

表 2-5　2003—2022 年空调技术领域涉诉专利统计

专利号	专利名称	当前权利人	涉诉量/次
CN102865695B	蒸发器	格力	43
CN101672499B	新型空气源热泵空调	王全龄	10

续表

专利号	专利名称	当前权利人	涉诉量/次
CN100476321C	制冷循环用储存罐、带有储存罐的热交换器以及制冷循环用冷凝装置	玛勒国际有限公司	8
CN204648474U	空调器室内机	格力	5
CN204648473U	空调器	格力	5

4. 空调技术领域中国专利奖金奖获奖情况

如表2-6所示，2019—2021年中国专利奖金奖涉及空调技术领域的专利共2项，均为广东省空调企业获得。格力CN108397853A专利（以下简称"53A专利"）和美的CN103292418A专利（以下简称"18A专利"）分别获得第21届和第22届中国专利奖金奖，获奖技术均为温度控制类空气调节器领域的专利。其中，53A专利涉及3个IPC小组，目前已在5个国家/组织/地区申请了专利布局，并在美国、印度和欧洲专利局共布局了8件简单同族专利，该专利及其同族专利在全球被引用9次。18A专利虽然仅涉及1个IPC小组，且只在中国布局，但该专利及其同族专利在全球被引用26次。两件专利被引用申请人包括国内同行企业、汽车工程类企业和艾默生环境优化技术有限公司等国外企业，展现出较好的技术先进性。

表2-6 2019—2021年空调技术领域中国专利奖金奖获奖情况统计

专利号	专利名称	公开时间	当前权利人
CN108397853A	空调机组控制方法和装置	2019-11-01	格力
CN103292418A	一种直流变频空调压缩机的双模启动控制方法及系统	2015-11-25	重庆美的制冷设备有限公司、美的制冷

总体来看，在温度控制类空气调节器产品品类方面，广东省企业专利技术达到一定的国际水平。在智能化方面，广东省企业的智能化水平与国外企业接近。国外相关专利被引频率更高，其技术具有较强的先进性符合行业发展趋势，而国内尤其是广东省相关企业如格力等，不仅专利的申请量靠前，其专利家族规模及涉诉信息均展现出其技术的适应性及攻防的战略价值，体现出对自身知识产权的重视。

二、家用照明技术领域主要专利分析

(一)家用照明产品专利技术对比分析

家用照明产品主要包括电光源、照明灯具、智能照明器具、灯用电器附件等。通过分析家用照明产品近20年的全球专利申请量数据发现,发明与实用新型的专利申请的IPC分类分布较多,如F21S(非便携式照明装置或其系统)、F21V(照明装置或其系统的功能特征或零部件)、H01J(放电管或放电灯)三个小类,分别占比46.27%、24.25%、13.25%,其他分类占比较少。主要技术功效趋势以提高便利性、降低复杂度为主。

如图2-4所示,广东省家用照明产品的主要申请人为海洋王照明及其下属子公司,其他企业占比较少。技术功效主要是提高便利性方向进行布局,大部分申请的IPC分类号集中在F21S和F21V两个小类,分别占比65.63%、20.01%,其他类别的申请占比较少。在近20年广东省家用照明产品已授权专利中,有51.20%的专利目前维持有效状态,主要分布在F21V、F21S、F21Y(涉及光源的构成或类型或者所发射的光的颜色)、F21W(与照明装置或系统的用途或应用)小类上,有效专利在企业中的分布较其他类别产品平均。

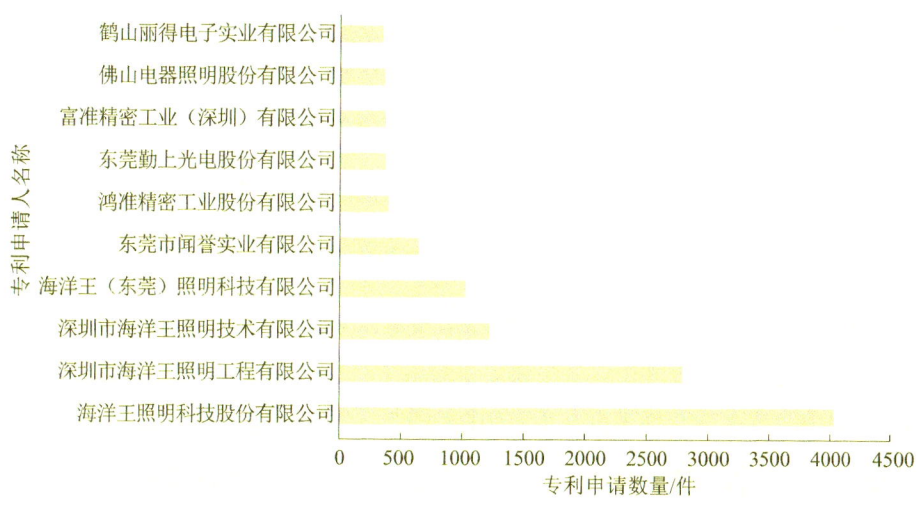

图2-4 2003—2022年广东省家用照明产品专利申请人排名

海外申请方面,如图2-5所示,家用照明产品的主要申请人以小糸制作所、飞利浦为主。从技术构成上看，海外专利申请的 IPC 分类集中在 F21V、H01J 和 F21S，分别占比 30.48%、26.54% 和 22.77%，其他类别申请虽然不多，但覆盖面广，研发上更加全面。在近 20 年家用照明产品的已授权专利中，仅有 19.84% 的专利目前维持有效状态，其中主要分布在 F21V、F21S、F21Y、F21W 和 H01J 小类上，有效专利在企业中的分布较其他类别产品平均，目前没有一家企业掌握 4.00% 以上的有效专利。

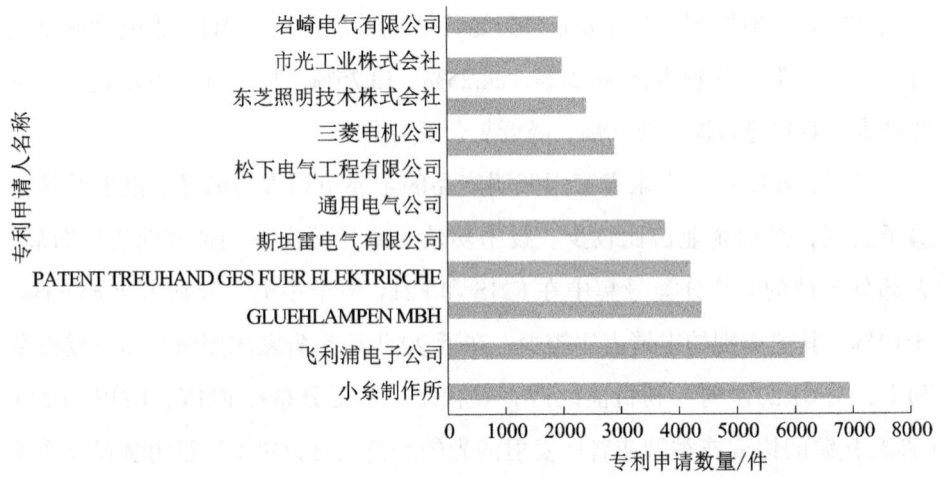

图 2-5　2003—2022 年海外家用照明产品专利申请人排名

经过专利技术领域的对比分析可以发现，海外家用照明产品专利申请的 IPC 分类覆盖面较广，研发比较全面，而广东省企业研发方向较为集中，更多是针对 F21V、F21S 和 F21Y 的研发为主，其他方向研发占比较少。

（二）家用照明领域主要专利分析

1. 家用照明领域高频被引用专利

如表 2-7 所示，家用照明领域的专利被引用频率较高，且集中在国际老牌照明公司，如飞利浦、施耐普特拉克股份有限公司（Snaptrack, Inc）、Halma Holdings 公司等。其中，被引用最多的为美国理想工业（Ideal Industries Lighting LLC）的 US7213940B1 专利。该项专利由 Led Lighting Fixtures 公司转让而来，自 2004 年被科锐（Cree Inc.）公司引用以来至今，被引用次数超过千次，且引用此项专利的申请分布涉及欧洲、美国、中国、日本、俄罗斯、韩国等众多国家及地区，引用申请人包括飞利浦、三星、松下等企业。该项专利虽然仅涉及 F21V 一个 IPC 领域，但专利被引用不仅次数多，而且时间跨度长。该专利在 9 个国家/组织/地区进行了专利布局，拥有扩展同族近 200 个，体现出专利技术保护的全面性与高质量。

表 2-7 2003—2022 年家用照明技术领域高频被引用专利统计

专利号	专利名称	当前权利人	被引用频率/件
US7213940B1	照明装置和照明方法	美国理想工业	1551
US20100327766A1	无线应急照明系统	Ring LLC	850
US7178941B2	照明方法和系统	昕诺飞北美公司	721
US6871982B2	高密度照明系统	施耐普特拉克股份有限公司	681
US8992042B2	利用自然光 LED 照明装置	Halma Holdings 公司	585

昕诺飞北美公司（Signify Holding B.V.）的 US7178941B2 专利涉及 12 个 IPC 小组，应用领域广泛，且被 721 件专利引用，引用申请人包括三星、惠而浦、京东方科技集团股份有限公司等。昕诺飞北美公司对该项专利的持有源自 2019 年飞利浦的许可转让。在获得专利权后，昕诺飞北美公司当年就向美国达尔特照明［Delta Light（USA）LLC］发起专利诉讼，用以维护自身专利权，不仅展现了该项专利较好的技术先进性、市场价值，还体现了较强的战略防御性。

2. 家用照明技术领域高频涉诉专利分析

如表 2-8 所示，相较于空调技术领域，家用照明领域的涉及诉讼专利数量较多，排名前五的多为欧洲和美国企业，其中，US8362700B2 与 US7429827B2 为同族专利。

总体来看，家用照明技术领域的专利诉讼较为集中。例如，欧普照明 CN204328899U 专利涉诉量远高于其他专利，达 101 起。尽管该项专利在 6 个国家/组织/地区进行了专利布局，但目前涉诉双方多数为中国同业竞争对手，涉诉类型既有侵权之诉也有许可合同纠纷，同时多次经历了复审无效程序，但均被判决维持实用新型专利有效，具有较强的专利侵权的可判定性。该项专利申请于 2014 年，仅涉及 2 个 IPC 小组，在不到 10 年的时间里，除自身专利研发引用外，被国内外 10 余个申请人引用。从其涉诉类型来看，该专利展现出较强的攻防性与市场价值，更说明权利人对自身专利权的有利维护。

CN203836895U 是唯一一个入围高频涉诉的、由中国自然人/公司持有的专利，持有人为黄华超（广东华领电子科技有限公司员工）。该项专利的诉讼均在国内提起，且诉讼对象都为国内企业。而除了侵权之诉，该项专利还涉及专利权权属诉讼及复审无效的情况。值得注意的是，该项专利的发明并未引用任何在先专利，且在多次复审无效程序中均维持了专利权有效，展现出较强的技术价值。

此外，排名第五的 US9916782 专利涉诉量达 35 次。权利人 Ultravision 公司在 2018 年利用该专利对包括多个广东省在内的十多家中国 LED 企业❶提起"337 调查"，并发起了侵权诉讼；同时，该项专利在涉案期间被被告向美国专利商标局（United States Patent and Trademark Office，USPTO）下设的专利审查和上诉委员会（Patent Trial and Appeal Board，PTAB）提出无效申请，但专利审查和上诉委员会维持其专利权有效，显示出该专利较强的技术稳定性与可判定性。此外，该项专利拥有近百件同族专利，涉及 26 个 IPC 小组，应用领域十分广泛，并在 6 个国家及地区申请专利布局，具有较强的保护力度及攻击性。

表 2-8　2003—2022 年家用照明技术领域高频涉诉专利统计

专利号	专利名称	当前权利人	涉诉量/次
CN204328899U	一种磁性安装元件及光学模组、照明模组及照明灯具	欧普照明	101
US7429827B2	产生不同颜色光的太阳能光组件	Richmond Simon Nicholas	57
US8362700B2	产生不同颜色光的太阳能光组件	Simon N Richmond	55
CN203836895U	一种电路盘	黄华超	37
US9916782	模块化显示面板	Ultravision 公司	35

3. 家用照明技术领域同族专利规模分析

如表 2-9 所示，家用照明行业同族专利排名前五的专利同样被美国及韩国

---

❶　包括北京利亚德公司、上海三思公司、深圳艾比森等。

企业掌握，同族数量均超过 700 件，中国浙江山蒲照明电器有限公司的专利位列第三。其中，CN101551848B（以下简称"48B 专利"）与 US11429146B2（以下简称"6B2 专利"）规模超 1200 个同族。尽管 6B2 同族数量少于 48B 专利，但其简单同族专利达 243 个，远高于 848B 专利的 72 个简单同族。同时，该项专利涉及 G06F、H04N、F21V 等 63 个 IPC 小组，应用领域十分广泛，并在 26 个国家/组织/地区申请专利布局，展现出较强的权利保护力度与专利防御性。此外，该项专利于 2022 年 8 月才公开，向前引用了 129 件专利的基础上提出申请，技术较为成熟。

US11421827B2 专利（以下简称"7B2 专利"）持有人为浙江山蒲照明电器有限公司，专利涉及 10 个 IPC 小组，在先引用超 300 件专利，同族专利分布在 11 个国家/组织/地区，显示了中国照明企业日益注重在全球市场的专利保护。

ES2814649T3 专利（以下简称"9T3 专利"）涉及 14 个 IPC 小组，应用领域十分广泛，并在全球 18 个国家/组织/地区申请了专利布局。其同族专利不仅规模大且分布广，主要分布在美国、欧洲和日本。同时，值得注意的是，该项专利发明未向前引用相关专利，截至 2022 年 6 月 30 日，也未被其他申请引用，但其同族专利在全球被引用百余次。

表 2-9　2003—2022 年家用照明技术领域专利家族规模统计

专利号	专利规模/件	简单同族专利/件	标题	公开日	当前权利人	同族受理局/组织代码
CN101551848B	1291	72	支持窄域和宽域模式照明和图像捕捉的手持式基于成像的条形码符号阅读器	2011-10-05	计量仪器股份有限公司	AR、AT、AU、BRP、CN、CA、CZ、DE、CA、DK、EE、EP、EA、UK、HK、ES、HU、ID、IL、IN、JP、IS、NO、NZ、PL、RU、SA、SK、TR、ZA、SG、TW、US、WO

续表

专利号	专利规模/件	简单同族专利/件	标题	公开日	当前权利人	同族受理局/组织代码
US11429146B2	1230	243	景观双显示器和景观单显示器之间的最小化和最大化	2022-08-30	Z124	BR、CA、DE、CN、EP、JP、US、WO、MX
US11421827B2	865	2	LED灯丝及LED灯泡	2022-08-23	浙江山蒲照明电器有限公司	AU、CA、CN、DE、EP、UK、HK、JP、SG、US、WO
ES2814649T3	765	27	涉及一种瓦片灯，用于瓷砖的方法和照明系统	2021-03-29	昕诺飞北美公司	AT、AU、CA、CN、DE、DK、HUE、EP、ES、HK、JP、HK、US、WO、PL、PT、SI
CA2500479C	711	15	照明器组件	2012-11-06	首尔半导体株式会社	AT、AU、BRP、CY、DK、CA、CN、DE、EP、ES、HK、HRP、HUE、HUS、IL、IT、IN、JP、KR、RU、US、WO、LT、ME、NL、NO、PL、PT

总体来看，在家用照明领域，国际老牌企业掌握了较多的行业专利。尽管中国尤其是广东省的家用照明企业多，出口量大，但更多地集中在产业中下游，上游的重要专利多数仍由国外企业掌握。经过专利技术分析可以发现，国外家用照明产品专利申请的IPC分类覆盖面较广，技术应用领域更广，面对中国照明企业的全球扩张，多数或其同族专利在中国及相关重要市场进行申请布局。因此，在智能家用照明领域，国外企业拥有较强的专利技术优势，其核心技术对中国企业形成一定程度上的壁垒。

三、应用电视产品专利技术领域分析

（一）应用电视产品技术领域对比分析

应用电视产品主要包括液晶（LCD）电视机、等离子（PDP）电视机、投影电视机、OLED电视机等。经过对应用电视产品近20年的全球专利申请量数据进行统计发现，发明与实用新型的专利申请的IPC分类主要集中在H04N（图像通信，如电视）小类上，占比达到82.67%，其他分类占比较少。主要技术功效趋势以提高便利性、降低成本为主。

如图2-6所示，广东省应用电视产品的主要申请人以创维、康佳、TCL、长虹等品牌为主。技术功效主要是从提高便利性方向进行布局，H04N小类专利申请量占该领域申请量的85.79%，其他类别的申请相对较少。在近20年广东省应用电视产品的已授权专利中，有41.52%的专利维持有效状态，主要集中在H04N小类上。目前，有效专利主要掌握在创维（13.39%）、TCL（12.55%）、康佳（5.45%）手上，其他企业掌握的有效专利均不超过4.00%。

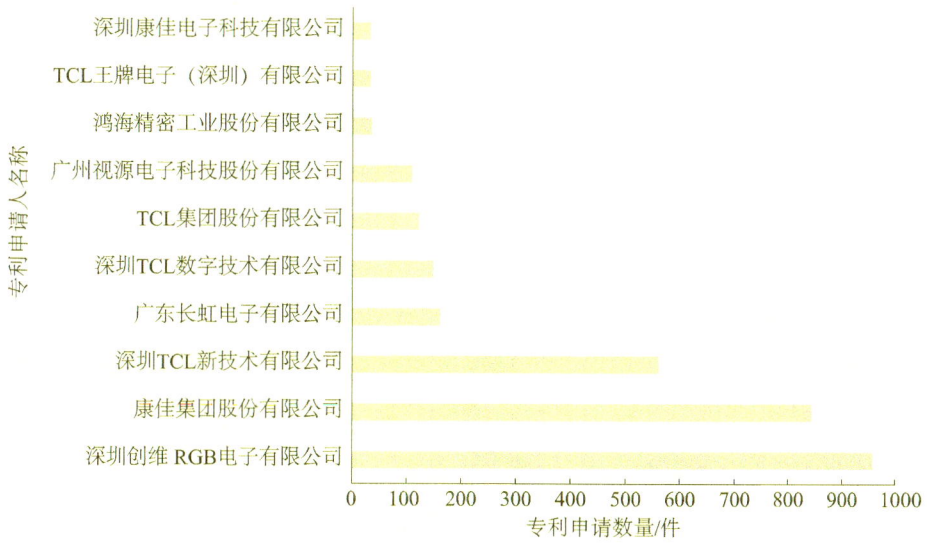

图2-6　2003—2022年广东省应用电视产品专利申请人排名

在海外专利申请方面，如图2-7所示，应用电视产品的主要申请人以LG、大宇、三星等日韩品牌为主。从技术构成上看，海外专利申请的IPC分类基本以H04N为主，占该领域申请量的63.31%，其他类别申请虽然不多，但覆盖面广，研发上更加全面。在近20年海外应用电视产品的已授权专利中，仅有19.18%的专利维持有效状态，主要集中在H04N小类上，目前没有任何一家企业掌握5.00%以上的有效专利。

经过专利技术领域的对比分析可以发现，海外应用电视产品专利申请的IPC分类覆盖面较广，研发比较全面，而广东省企业更多是针对H04N（图像通信，如电视）的研发为主，其他方向占比较少。

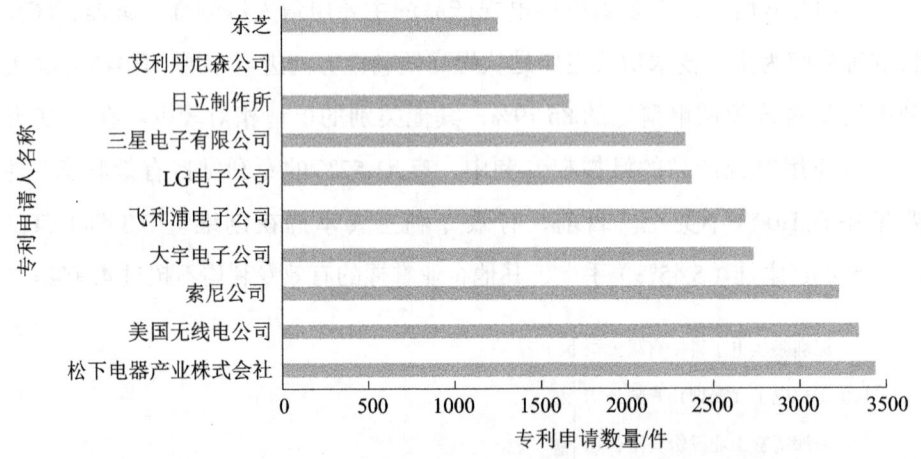

图2-7　2003—2022年海外应用电视产品专利申请人排名

（二）应用电视产品主要专利分析

1. 应用电视产品高频被引用专利分析

如表2-10所示，应用电视领域被引专利频率较高的专利属于数据传输与交互等技术领域，且权利人均为国外企业。其中，被引用频率最高的为US7761892B2（以下简称"2B2专利"），接近千次，涉及27个IPC小组，应用领域十分广泛，并在18个国家/组织/地区进行专利布局，远高于其他4件专利，引用申请人主要分布在美国、欧洲、中国及世界知识产权组织。

排名前二的US7729940B2（以下简称"0B2专利"）被引用频率超400次，涉及2个IPC小类，仅在2个国家或地区进行专利布局，但其多次作为专利武器在美国发起侵权诉讼,展现了较强的进攻性,且多次以质押担保的形式转让,专利权历经摩根士丹利(Morgan Stanley Senior Funding)、Rovi Guides等企业所有。

表2-10 2003—2022年家用照明技术领域高频被引用专利统计

专利号	专利名称	当前权利人	被引用频率/次
US7761892B2	基于客户端服务器的远程服务器录制交互式电视节目指南系统	Rovi Guides	936
US7729940B2	基于多数据源匹配的广告活动投资回报率分析	Kantar LLC	408
US8005679B2	全局语音用户界面	Promptu Syst Corp	351
US20090172728A1	基于观看电视广告或与电视广告交互的有针对性的在线广告	Almondnet, Inc.	342
US9338493B2	用于电视用户交互的智能自动助理	苹果公司	297

2. 应用电视领域高频涉诉专利分析

如表2-11所示,应用电视领域高频涉诉专利同样全部集中在国外企业手中。与其他细分领域相比,应用电视领域高频涉诉专利的总体涉诉量不高,平均为8.8起,均为侵权诉讼。值得注意的是,除US10499091B2(以下简称"1B2"专利)外,其余高频涉诉专利都存在在美国专利审查和上诉委员会提出专利复审程序(Inter Partes Reexamination,IPR)的情况。1B2涉及15个IPC小组,应用领域较为广泛。在涉及的12起诉讼中,9起由专利权人发起,展现出该项专利较强的攻击性。

US7055169B2专利涉及的诉讼中,专利权人多以原告形式出现,其诉讼对象包括苹果公司、Netflix公司等。该项专利尽管仅涉及1个IPC小组,但该专利及其同族专利在全球被引用406次,先进性较好。

US8768147B2专利涉及14个IPC小类,应用领域广泛,且在13个国家/组织/地区进行专利布局。相较于其他高频诉讼,该项专利在美国专利审查和上诉委员会的复审无效程序中,存在部分权利被无效的情况。尽管如此,该项专利从2021年开始以质押担保的形式历经15次专利权转让,同时还涉及了一起"337调查",展现出其良好的市场价值。

US8677398B2(以下简称"8B2专利")专利是基于170余件在先专利基础上提出的,目前已被引用40余次,展现出较强的技术与经济价值。2011年INTENT IQ公司将该项专利许可给Almondnet公司使用。Almondnet公司利用该专利提起8次诉讼,INTENT IQ公司以"其他原告/上诉人/申请人"参与诉讼,被告包括脸书(Facebook)公司、亚马逊(Amazon.com, Inc.)等。

表2-11　2003—2022年应用电视技术领域高频涉诉专利统计

专利号	专利名称	当前权利人	涉诉量/次
US10499091B2	高质量,降低数据速率的流式视频产生和监视系统	Hawk Technology Systems, L.L.C	12
US7055169B2	通过呈现引擎语法支持公共交互式电视功能	Open TV 公司	9
US8768147B2	用于具有个人视频记录特征的交互式节目指南的系统和方法	Rovi Guides 公司	8
US8677398B2	用于基于连接到同一网络的另一设备上的活动对一个网络连接的设备采取动作的系统和方法	INTENT IQ, LLC	8
US9386356B2	多屏幕电视观众数据定位	Free Stream Media Corp	7

3. 应用电视技术领域专利家族规模分析

如表2-12所示,应用电视领域同族专利规模远高于其他细分领域,排名前五的同族专利主要集中在LG、索尼和微软等国外企业手中,主要涉及数字电视的数据处理技术。其中,LG的USRE47611E专利,本身涉及5个IPC小组,同族专利规模超2000件,且分布在19个国家/组织/地区。相较于其他较早期的专利,US20220123595A1于2022年才公开,但该项专利涉及17个IPC小类,应用领域十分广泛,并在美国、欧洲、日本及中国等10个国家/组织/地区进行专利布局,其同族专利分布在12个国家及地区。值得注意的是,排名前五的同族专利中,尽管PatSnap同族❶数量多,但其简单同族专利均未超过10件。

---

❶ 专利之间直接或间接有至少一个相同的优先权,并且包含专利的所有分案、PCT申请、接续案。

表 2-12　2003—2022 年应用电视技术领域专利家族规模统计

专利号	专利规模/件	简单同族专利/件	标题	公开日	当前权利人	同族受理局/组织代码
USRE47611E	2033	11	数字电视发射机\/接收机和数字电视发射机\/接收机中处理数据的方法。	2019-09-17	LG	AT、AU、BRP、CA、CN、DE、EP、ES、HK、IN、ID、JP、KR、MX、MY、RU、TW、US、WO
US9756349B2	773	3	用于控制视频流用户界面、系统和方法	2017-09-05	索尼	AU、BRP、CA、CN、DE、EP、UK、HK、IL、ID、JP、KR、MX、MOJ、RU、TW、NUS、WO、SG、WO
US9811589B2	570	6	基于电视观看历史向移动设备呈现搜索结果	2017-11-07	Blue Hills, Series 95 Of Allied Security Trust I	DE、EP、IN、JP、KR、US、WO
US20220123595A1	465	4	无线供电电视机	2022-04-21	Witricity Corporation	AU、CA、CN、DE、EP、HK、IN、JP、KR、TW、US、WO
US7636927B2	459	2	整合广播电视与网页的文件数据结构及方法	2009-12-22	微软	AU、BRP、CA、CN、DE、EP、ES、IN、IT、JP、KR、MX、RU、US、WO

总体来看，与国外企业相比，广东省在应用电视领域无论是在专利申请数量还是专利质量方面仍存在差距。国外专利不仅应用领域广，且专利技术较为成熟，相关专利具有较强的先进性且呈现引领着智能电视领域的发展趋势，研发方向较为全面。同时，专利技术具有较强的法律价值与经济价值，在面对中国电视机产品的大规模出口的情况下，这类专利技术具有较强的攻守性。

四、家用智能清洁产品专利技术领域对比分析

（一）家用智能清洁产品专利技术对比分析

家用智能清洁产品主要包括吸尘器、地板打蜡机、地板擦洗机、扫地机器人等。经过对家用智能清洁产品近 20 年的全球申请数据进行统计发现，发明与实用新型的专利申请的 IPC 分类主要集中在 A47L（家庭的洗涤或清扫），占比达到 89.90%，主要技术功效趋势以提高便利性为主。广东省家用智能清洁产品的主要申请人有格力、美的、深圳市杉川机器人有限公司、广东宝乐机器人股份有限公司、广州科语机器人有限公司等。技术功效主要是提高便利性，大部分申请的 IPC 分类号以 A47L 为主，占比 88.89%，涉及智能化的 B25J（机械手；装有操纵装置的容器）占 0.30%，其他类别的申请占比较少。如图 2-8 所示，在近 20 年广东省家用智能清洁产品的已授权专利中，61.63% 的专利维持有效状态，主要集中在 A47L 小类。格力掌握了 13.79% 的有效专利，其他企业掌握的有效专利均未超过 4.00%。

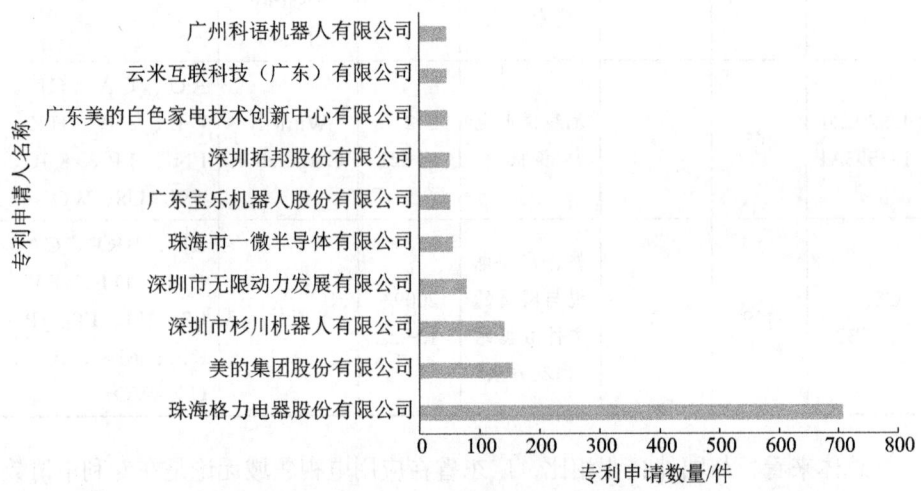

图 2-8　2003—2022 年广东省家用智能清洁产品专利申请人排名

如图 2-9 所示，海外专利申请方面，主要申请人以 LG、松下为主。从技术构成上看，海外专利申请的类别以 A47L 为主，占比 89.71%，B25J 占比

0.58%，其他类别的申请占比较少。而在近 20 年家用电清洁产品的已授权专利中，仅有 17.09% 的专利维持有效状态且集中在 A47L 小类，LG 掌握了 13.61% 的有效专利，其他企业掌握的有效专利均在 5.00% 以下。

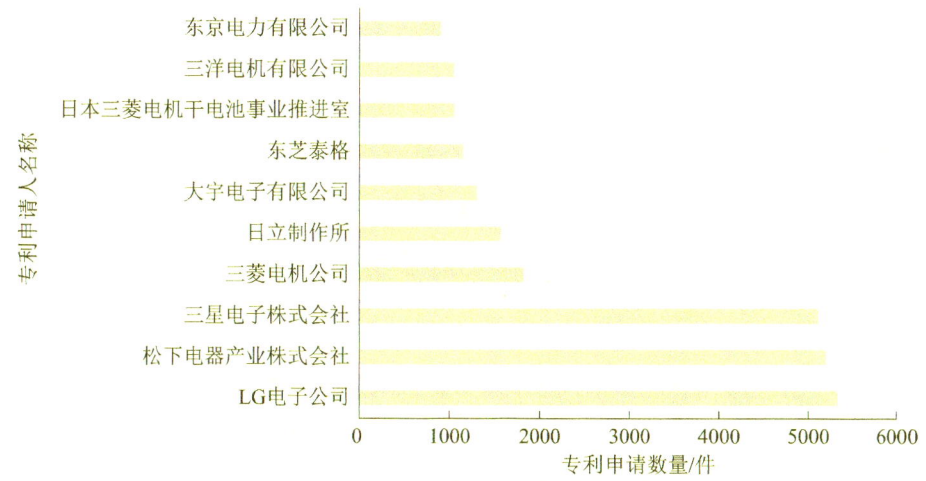

图 2-9　2003—2022 年海外家用智能电清洁产品专利申请人排名

经过专利技术领域的对比分析可以发现，家用智能电清洁产品主要围绕 A47L（家庭的洗涤或清扫）作为主要研发方向。广东省企业紧随全球智能化方向，加大对家用电清洁产品的智能化研发投入，甚至有专门的机器人公司也参与其中。

（二）扫地机器人技术领域主要专利分析

基于当前智能清洁发展趋势，扫地机器人近年来发展势头较为迅猛，因此将其作为家用智能清洁产品的代表来分析其专利质量。

1. 扫地机器人技术领域高频被引用专利分析

如表 2-13 所示，扫地机器人领域排名前五的被引专利频率均超过 200 次，最高达 329 次。被引用的专利申请多数为美国权利人，韩国、中国、欧洲等地也存在较多的被引用申请。同时，各项专利延续时间较长，均维持了 10 余年，展现了专利技术的稳定性与高价值。

高频被引专利的权利人既包括主流厂商，也包括产业链中上游的控制系统。其中，US7571511B2（以下简称"1B2 专利"）与 US7389156B2（以下简称"6B2 专利"），均存在被专利权人用来发起诉讼的行为，且都曾经历美国专利审查和上诉委员会多次无效审查，两件专利的权利要求较多，分别为 62 项与 41 项，专利的技术要求十分明确，拥有较强的专利侵权的可判定性。就专利技术价值而言，其涉及的 IPC 小类越多，应用领域就越广。1B2 专利在 12 个国家/组织/地区进行了专利布局，自专利公开以来的 13 年里始终维持有效并历经了 2 起 "337 调查"、1 起专利诉讼，具有一定的法律价值与攻防性。6B2 专利虽然仅涉及 1 个 IPC 小组，但在 10 个国家/组织/地区进行了布局，体现了权利人对该项专利的重视与保护程度。但值得注意的是，以上高频被引用专利多数在中国没有同族专利。

表 2-13　2003—2022 年扫地机器人技术领域高频被引用专利统计

专利号	专利名称	当前权利人	被引用频率/次
US7636982B2	自主式地面清洁机器人	Irobot 公司	329
US7571511B2	自主式地面清洁机器人	Irobot 公司	300
US7320149B1	一种带除尘垫的机器人抽吸式吸尘器	Bissell 公司	293
US7761954B2	用于干湿清洗的自主式表面清洗机器人	Irobot 公司	283
US7389156B2	一种干湿清洗自主表面清洗机器人	LG	243

2. 扫地机器人技术领域高频涉诉专利分析

如表 2-14 所示，通过对近 20 年扫地机器人领域专利法律情况分析发现，高频涉案专利均来自 Irobot 公司，且在中国都没有同族专利。Irobot 公司专利技术高度集中，多项专利经常作为专利组合提起诉讼，且涉诉类型较为丰富，既有专利侵权诉讼，又有 "337 调查" 和美国专利审查和上诉委员会的多方无效审查，诉讼次数明显高于其他领域，可见 Irobot 公司高度重视专利布局，积极发挥专利的攻防作用。以 US8474090B2 与 US9038233B2 为例，这两项同族专利基于 1400 余项在先专利提出申请，均涉及 5 个 IPC 小类，已在 12 个国家/组织/地区申请专利布局，且多次作为专利组合提起诉讼。

值得注意的是，除 US20130174371A1 专利外，其余高频专利均涉及 2017

年美国国际贸易委员会史上首次对机器人产品发布的"337调查",被申请人包括广东省企业在内的11家中国企业❶,不仅具有较强的进攻性,且反映出该项技术的先进性。

表2-14　2003—2022年扫地机器人技术领域高频涉诉专利统计

专利号	专利名称	当前权利人	涉诉量/次
US8474090B2	自主式地面清洁机器人	Irobot公司	10
US20130174371A1	自主式地面清洁机器人	Irobot公司	10
US9038233B2	自主式地面清洁机器人	Irobot公司	10
US8474090B2	自主式地面清洁机器人	Irobot公司	10
US8600553B2	覆盖机器人机动性	Irobot公司	9
US9486924B2	用于自主机器人设备的远程控制调度器和方法	Irobot公司	7

3. 扫地机器人领域同族专利规模分析

如表2-15所示,扫地机器人领域排名前五的同族专利主要掌握在LG和Irobot公司等韩国和美国企业手中,同族数量均在150件以上,且多数为近期公开的专利。其中,LG的EP3459691B1和CN114224252A两项同族专利分别涉及6个和2个IPC小类,并在美国、韩国及欧洲等多个国家/组织/地区进行了专利布局。LG与Irobot公司均是前文高频被引用专利与高频涉诉诉讼专利的申请人。这在一定程度上说明在扫地机器人领域存在一定的技术壁垒,多数重要专利掌握在行业领跑者手中,权利人在增强专利技术稳定性的同时,也十分重视专利攻防的战略价值,通过知识产权保护与运用以维护自身企业的发展。

总体来看,扫地机器人领域主要研发方向十分明确,广东省企业紧随全球智能化方向,加大对家用智能清洁产品的智能化研发投入,甚至有专门的机器人公司也参与其中。但分析这一领域的专利发现,当前的主要专利技术多数均有国外企业掌握,且具有较强的攻击性,专利权保护成为维持其市场占有率的重要方式。

---

❶ 包括深圳深圳智意科技、银星智能等企业。

表 2-15　2003—2022 年扫地机器人技术领域专利家族统计

专利号	专利规模/件	简单同族专利/件	标题	公开日	当前权利人	同族受理局/组织代码
EP3459691B1	242	22	机器人吸尘器	2021-04-07	LG	AU、CN、DE、EP、ES、IT、JP、KR、RU、US、WO、TW
JP6981779B2	232	67	机器人系统	2021-12-17	Irobot 公司	AT、AU、CA、DE、EP、ES、JP、KR、US、WO、DK
CN108567375B	175	5	具有用于从清洁辊子去除碎屑的梳理单元的清洁设备	2021-07-20	深圳尚科宁家科技有限公司	AU、CA、CN、DE、EP、ES、UK、IT、JP、KR、RU、US、WO、EU
US11320828B1	174	1	机器人清洁器	2022-05-03	AI INC	CA、CN、US、WO
CN114224252A	168	163	机器人清洁器	2022-03-25	LG	AU、CN、EP、JP、KR、US、WO、TW

综上所述，智能家电产业不仅是广东省战略性支柱产业的重要组成部分，而且在全国家用电器领域也占据着举足轻重的地位。目前，广东省智能家电产业已形成了完整的产业链，在产业规模、创新能力、产业链配套、知名度和行业竞争能力等方面在全国乃至全球均保持领先地位，拥有一批行业龙头企业，产品品类丰富，出口市场遍布北美洲、亚洲、欧洲、南美洲等众多国家和地区。广东省智能家电企业加大研发投入，尽管在照明灯具、电视、空气调节器等技术领域拥有多项专利技术，但在与智能家电相关的半导体器件、电池、芯片等方面专利布局明显落后于国外企业。通过有效专利占申请数量的比例可以看出，国外技术研发迭代较快，技术布局广，对同一类产品的技术研发只投入到一两个研发小类中去。同时，国外企业尤为重视专利族群的扩展，相关专利的依赖性较强，并呈专利"合围"保护的态势，十分重视挖掘重要专利的战略

价值，积极发挥专利的攻防作用，维护自身的知识产权。这也使广东省智能家电企业在出口过程中易于遭受国外技术领先企业的围攻堵截和专利技术打压。

第三章

智能家电产业主要出口市场市场准入和知识产权保护政策措施

随着智能家电产业全球角逐的日益加剧,各国不断修订并完善市场准入制度和知识产权保护政策,以最大限度地保护本国产业的发展,进而把握产业发展国际话语权与技术制规权。本章通过梳理中国智能家电产业主要出口市场的现行市场准入政策和知识产权保护政策,探讨出口企业遭遇知识产权贸易壁垒背后的制度约束和应对措施,为企业在"走出去"过程中规避知识产权贸易壁垒纠纷提供支撑。

第一节 主要出口市场准入政策

市场准入，是指一国允许外国的货物、劳务与资本参与国内市场的程度。市场准入政策是指在国际贸易方面，两国政府间为了相互开放市场而对各种进出口贸易的限制措施，其中包括关税和非关税壁垒准许放宽程度的承诺。近年来，随着关税壁垒的逐渐弱化，国际贸易中非关税壁垒进一步增多并主要表现为技术性贸易壁垒，技术性贸易壁垒是进口国在实施进口贸易管制时，制定颁布法律、法令、条例、规定，依靠严格的技术标准，通过认证、检验、注册、监督等制度，来提高进口产品市场准入的技术门槛，最终形成的以限制进口为目的的一种非关税壁垒。

家电产品的安全性直接关系使用者的人身安全与健康，因此，许多国家或地区专门制定了相关产品安全法规指令与技术标准并实行强制性的产品安全认证。产品须满足相应的安全、电磁兼容、环保及无线通信射频等方面的要求，经过指定的认证机构认证，在出厂和销售时加贴特定的认证标志，方可允许进入家电产品相应市场销售。鉴于许多国家的智能家电产品遵循的依旧是家电产品的市场准入政策，因此，本节重点分析主要出口市场家电产品的技术性贸易市场准入政策。

一、美国家电产品市场准入的主要政策与执行标准

美国的技术性贸易措施体系主要由技术法规、技术标准与合格评定组成。技术法规分散于联邦法律法规体系之中，既存在国会制定的法案中，也存在联邦政府各部门制定的条例、要求、规范和标准中。美国联邦政府各部门（如国防部、商务部等）负责制定一些强制性标准，主要涉及制造业、交通、环保、食品和药品等，而行业标准主要是由工业界自愿参加编写和采用。家电产品市场准入要求与技术法规、认证要求与涉及的主要执行标准见表3-1与表3-2。

表 3-1　美国家电产品市场准入要求与技术法规

类别	市场准入和法规要求	产品范围
电气安全	美国劳工部下属职业安全与健康管理局（Occupational Safety and Health Administration，OSHA）要求在工作场所使用的37种不同类型的产品、设备、组件或系统必须获得由国家认可测试实验室（Nationally Recognized Testing Laboratory，NRTL）的认证方可进入市场销售	所有家电产品
	《联邦食品、药物和化妆品法》规定相关产品须符合标准要求方可进入市场销售	微波炉
电磁兼容	《联邦通信法》规定，范围内产品须经过获得认可的机构检测后合格方可进入市场销售	工作频率在9kHz以上的家电产品，例如微波炉
能效	《国家节能政策法》规定，范围内产品须符合最低能效性能标准（Minimum Energy Performance Standards，MEPS）要求，部分产品须加贴强制性能效标签方可进入市场销售	MEPS+能效标签要求：空调、冰箱/冰柜、洗衣机、洗碗机、热水器、热泵、吊扇；仅MEPS要求：干衣机、直接加热设备
无线通信射频（仅限Wi-Fi）	《联邦通信法》规定，范围内产品须经过获得认可的机构检测认证后方可进入市场销售	带有无线通信模块的家电产品（仅限2.4GHz Wi-Fi无线接入设备）

注：主要出口市场家电产品市场准入法律法规信息详见附录1。

表 3-2　美国家电产品认证要求与涉及的主要执行标准

类别	认证要求	涉及的主要执行标准
电气安全	型式试验+工厂审查，认证必须从美国职业安全与健康管理局认可的认证机构获得，获证后须加贴认证标志	UL 60335 系列标准 UL 1995 UL 484 UL 2157 UL 474 等
电磁兼容	一般采用自我验证或者符合性申明的模式，自我验证的产品需在列名的机构完成检测；符合性申明的产品需在认可的机构完成检测提供技术档案加贴相应的美国联邦通信委员会（Federal Communications Commission，FCC）的认证标签	47 CFR Part 15 47 CFR Part 18

续表

类别	认证要求	涉及的主要执行标准
能效	向美国能源部（United States Department of Energ, DOE）和美国联邦贸易委员会（Federal Trade Commission, FTC）提交能源使用数据并加贴强制性 EnergyGuide 标签	ANSI/AHAM DH-1 ANSI/AHRI 210/240 ENERGY STAR® Program Requirements for Residential Ceiling Fans 等
无线通信射频（仅限 Wi-Fi）	一般采用符合性申明或者认证的模式，符合性申明的产品须在认可的机构完成检测提供技术档案加贴相应的美国联邦通信委员会标签；认证的产品需在美国联邦通信委员会认可的测试实验室完成检测，并由其认可的电信认证机构（Telecommunication Certification Bodies, TCB）根据责任方（如制造商或进口商）向电信认证机构提交的证明文件和测试数据进行评估后颁发设备授权（TCBGrant），产品上需要标贴美国联邦通信委员会的认证标签	47 CFR Part 15C 15.247

注：主要出口市场家电产品标准信息详见附录2。

在电气安全方面，美国各州的要求不尽相同，但是一般都要求产品取得安全认证，如美国安全检测实验室公司（Underwriters Laboratories Inc., UL）认证、美国电子测试实验室（Electrical Testing Laboratories, ETL）认证等。UL 认证，涉及建筑材料、防火设备、电器用具、电气工程材料、船用设备、煤气和油设备、自动和防盗机械设备、危险物存放设备、有阻燃要求的产品。美国海关对上述产品进口，有"UL"标志的放行，没有"UL"标志的设备需要复杂的程序进行检验。美国许多州立法规定上述产品没有"UL"标志的不准销售。上述产品发生安全问题造成的事故，美国消费品安全委员会（Consumer Product Safety Committee, CPSC）在调查案件时，必然以 UL 标准作为判断依据。因此，美国许多销售商、大百货公司、大连锁商店为避免麻烦，拒绝没有"UL"标志的上述产品。

ETL 认证是由美国发明家爱迪生在 1896 年一手创立的，在美国及世界范围内享有极高的声誉，现在隶属 Intertek 集团。同 UL、加拿大标准协会（Canadian Standards Association，CSA）一样，ETL 可根据 UL 标准或美国国家标准测试核发 ETL 认证标志，也可同时按照 UL 标准或美国国家标准和 CSA 标准或加拿大标准测试核发复合认证标志。其标志型式如图 3-1 所示，右下方的"US"表示适用于美国，左下方的"C"表示适用于加拿大，同时具有"US"和"C"则在两个国家都适用。

图 3-1　ETL 认证标志

任何电气、机械或机电产品只要带有 ETL 标志，就表明此产品已经达到经普遍认可的美国和加拿大产品安全标准的最低要求。它代表着是经过测试符合相关安全标准的产品，也代表着生产工厂同意接受严格的定期检查，以保证产品品质的一致性，该产品可以销往美国和加拿大两国市场。

二、欧盟家电产品市场准入的主要政策与执行标准

在欧盟，欧盟委员会、欧盟理事会和欧洲议会分享欧盟的立法权。欧盟委员会主要负责提出法律草案，而欧盟理事会享有决定的权力。欧盟的技术法规主要是欧盟委员会和欧盟理事会制定的各种规范性法律文件，主要形式包括条例（Regulation）、指令（Directive）、决议（Decision）、建议和意见（Recommendation and Opinion）。指令是欧盟技术法规最主要的颁布形式，分为旧方法指令和新方法指令两种类型。旧方法指令列出所有规范的技术细节，食品法规多为旧方法指令。新方法指令只规定了对产品的基本要求，而具体的技术细节要求，则通过制定协调标准（Harmonized Standard）来规定。欧盟家电产品市场准入要求与技术法规、认证要求与涉及的主要执行标准见表 3-3 与表 3-4。

在欧盟市场，Conformite Europeenne（CE）标志属强制性安全符合性标志，不论是欧盟内部企业生产的产品，还是其他国家生产的产品，要想在欧盟市场上自由流通，就必须加贴 CE 标志，以表明产品符合欧盟《技术协调与标准化新方法》指令的基本要求。这是欧盟法律对产品提出的一种强制性要求。

CE 标志是欧盟法律规定的市场准入标志，被视为产品进入欧洲市场的护照。凡是贴有 CE 标志的产品就可在欧盟各成员国的市场销售，无须符合每个成员国的要求，从而实现商品在欧盟成员国范围内的自由流通。

表 3-3　欧盟家电产品市场准入要求与技术法规

类别	市场准入和法规要求	法规名称和编号	产品范围
电气安全	家电产品须符合欧盟颁布的相关指令要求，并加贴 CE 标志和特定指令要求的标签或标识，方可进入欧盟市场上销售	2014/35/EU 设计在一定电压限值内使用的电气设备低电压指令	适用于设计使用于电压交流 50V～1000V 和直流 75V～1500V 的家电产品
电磁兼容		2014/30/EU 电磁兼容性指令	新投放于欧盟市场的产品（含远程销售），包括欧盟制造商新生产的产品以及从第三国进口的新产品或二手家电产品
环保	能效标签指令要求部分产品必须在欧洲能源标签产品数据库中注册所有需要能源标签的产品，然后才能在欧盟市场上出售	（EU）2017/1369 能效标签指令	使用中对能源或其他必要资源的消耗有重要的直接或间接影响的与能源相关的家电产品，以下产品除外： ①二手产品，除非是从第三国进口的； ②人或货物的交通工具

续表

类别	市场准入和法规要求	法规名称和编号	产品范围
环保	能效标签指令要求部分产品必须在欧洲能源标签产品数据库中注册所有需要能源标签的产品，然后才能在欧盟市场上出售	（EU）2017/1369 能效标签指令	需要在欧洲能源标签产品数据库系统注册的家电产品范围如下：空调、烹饪电器、洗碗机、加热器（空间和热水器）、局部空间加热器、家用制冷设备、专用制冷设备、具有直销功能的制冷设备、滚筒干燥机、住宅通风设备、家用洗衣机；已发布能效标签实施指令的家电产品包括：空调和舒适风扇、洗碗机、家用电烤箱、电灶和抽油烟机、热水器和热水储存罐、专业冷柜、制冷器具、滚筒式干衣机、真空吸尘器、通风装置、洗衣干衣机、洗衣机
		2009/125/EC 与能源相关产品的生态设计要求指令	与能源有关的家电产品，在使用过程中对能源消耗有影响的产品，包括可以独立进行环保性能评价的内置零部件和配件，以下产品除外：人或货物的交通工具；已经发布实施指令的家电产品包括：家用和办公电子电器待机和关机功耗、空调器和舒适风扇、洗碗机、家用电烤箱、电灶和吸油烟机、热水器和热水储存罐、专业冷柜、制冷器具、滚筒式干衣机、真空吸尘器、通风装置、洗衣机、水泵
		2011/65/EU 电气电子设备限制使用有害物质	所有家电产品
		2000/14/EC 室外使用设备对环境所产生的噪声指令	草坪灌木修剪器具等
无线通信射频（仅限Wi-Fi）		2014/53/EU 无线设备指令	带有无线通信模块的家电产品（仅限2.4GHz Wi-Fi 无线接入设备）

表 3-4 欧盟家电产品认证要求与涉及的主要执行标准

类别	认证要求	涉及的主要执行标准
电气安全	根据产品所涉及的欧盟指令加贴强制性的 CE 标志；自我声明即可满足加贴 CE 标志的要求；必须证明产品是安全的，且符合指令要求和相关欧盟标准（European Norm，EN）要求	EN 60335 系列标准
电磁兼容	根据产品所涉及的欧盟电磁兼容指令加贴强制性的 CE 标志自我声明即可满足加贴 CE 标志的要求； 必须证明产品符合指令要求和相关的欧盟标准要求	EN 55011 EN 55014-1 EN 55014-2 EN 61000-3-2 EN 61000-3-3 EN 61000-3-11 EN 61000-3-12
无线通信射频（仅限 Wi-Fi）	根据产品所涉及的欧盟无线电及通讯终端（Radio Equipment Directive，RED）指令加贴强制性的 CE 标志； 自我声明即可满足加贴 CE 标志的要求，Ⅱ类无线设备还必须加贴设备类别标识； 必须证明产品符合指令要求和相关的欧盟协调标准要求	ETSI EN 300 328 欧盟 RED 指令
环保	包含能效标签和《关于限制在电子电气设备中使用某些有害成分的指令》（Restriction of Hazardous Substances，RoSH）等。基于指令要求欧盟标准的合格评定以及制造商符合性声明加贴 CE 标志；能效标签须在指定网站注册，产品须满足指令规定的环保要求	EN 14511 系列 EN 14825 EN 12102 （EU）No.206/2012 （EU）No.626/2010 （EU）No.2016/2281 等

注：若一个产品同时属于一个以上的欧盟相关产品指令类别，则必须满足所有对应的产品指令中所规定的要求，才能在产品上加贴"CE"标志。

三、东盟家电产品市场准入的主要政策与执行标准

东盟于 1992 年组建了东盟标准与质量咨询委员会（ASEAN Consultative Com-mittee on Standards and Quality，ACCSQ）以协调成员之间标准和技术法规

等技术性贸易措施，但该组织并没有制定自成一体的东盟标准。东盟成员国主要通过采用国际标准的形式统一联盟内部的标准❶，从而消除不必要的贸易壁垒。此外，由于东盟各成员国经济发展水平差距巨大，人均国内生产总值最高国家和最低国家之间的差距约为43倍❷，远高于欧盟内部各国水平。东盟各国经济发展水平和所处的经济发展阶段各不相同决定了各国的技术性贸易措施也各有特点。

本节选取东盟成员国中经济发展较好的新加坡、泰国、菲律宾三个国家，重点分析家电产品市场准入政策。

（一）新加坡

新加坡家电产品市场准入与技术法规见表3-5，家电产品认证要求与涉及的主要执行标准见表3-6所示。

表3-5 新加坡家电产品市场准入要求与技术法规

类别	准入和法规要求	产品范围
电气安全	依据《消费者保护（安全要求）法规》，计划目录内产品须获得新加坡安全认证证书，并进行注册、加贴安全认证标志方可进入市场销售	冷风机、电灶、电炉或类似器具、电饭锅、咖啡机、电水壶、慢炖锅或类似器具、电吹风、电熨斗、浸入式加热器、微波炉、空调器、搅拌器、碎肉器或类似器具、电冰箱、电风扇、便携式电烤箱、烤面包机、吸尘器、洗衣机、吊扇、干衣机
能效	依据《新加坡能源保护法案（Cap.92）》，能效管制范围内产品须满足最低能效性能标准并加贴能效标签方，可在市场上销售	空调器、电扇、干衣机
	新加坡对部分产品实施强制加贴水效标签要求	洗衣机

---

❶ 根据《东盟标准与一致性政策指南》规定，东盟成员国在制定新的国家标准或修订现有标准时，应优先采用相关国际标准。

❷ 根据世界银行统计，2020年新加坡是东盟成员国人均GDP最高的国家，达59797.8美元；缅甸为东盟成员国人均GDP最低的国家，为1400.2美元。

续表

类别	准入和法规要求	产品范围
无线通信射频（仅限 Wi-Fi）	依据《电信法 Cap.323》《通信与多媒体法》，所有无线通信（Wi-Fi）产品在进入市场销售前须取得新加坡资讯通信发展管理局（Infocomm Development Authority of Singapore，IDA）的许可证	带有无线通信模块的家电产品（仅限 2.4 GHz Wi-Fi 无线接入设备）

表 3-6 新加坡家电产品认证要求与涉及的主要执行标准

类别	认证要求	涉及的主要执行标准
电气安全	须在指定检测机构测试；取得新加坡安全认证证书后，须递交新加坡标准、生产力与创新局（Standards, Productivity and Innovation Board, SPRING SG）注册；注册成功后，取得认证证书确认信，即可加贴安全标志；须由本地代表持证	IEC 60335 系列标准 SS EN 60335 系列标准
能效	须在指定检测机构测试；测试完成后，报告提交新加坡国家环境局（National Environment Agency of Singapore, NEA）注册；须由本地代表注册	IEC 61121 SS 360 SS 577（水效）
能效	须在指定检测机构测试；须取得符合性证书；报告和证书提交新加坡公共事业局注册标签；须由本地代表注册	IEC 61121 SS 360 SS 577（水效）
无线通信射频（仅限 Wi-Fi）	须在指定检测机构测试；测试完成后，报告提交新加坡资讯通信发展管理局注册；须由本地代表持证	ETSI EN 300 328 欧盟 RED 指令

（二）泰国

泰国家电产品市场准入与技术法规见表3-7，家电产品认证要求与涉及的主要执行标准见表3-8所示。

表3-7 泰国家电产品市场准入要求与技术法规

类别	市场准入和法规要求	产品范围
电气安全	依据泰国《工业产品标准法》，强制认证目录内的产品须获得泰国工业标准学会（Thai Industrial Standards Institute，TISI）认证证书并加贴认证标志，方可进入市场销售	电熨斗、电炉及开放式加热元件、电风扇、电饭锅、干衣机、洗衣机、电炸锅、烤架，烤面包机和类似的便携式烹饪器具、即热式电热水器、微波炉、皮肤及毛发护理器、空调器、电冰箱
能效	泰国部分家电产品须满足能效法规要求并加贴能效标签，方可进入市场销售	空调器、电冰箱
无线通信射频（仅限Wi-Fi）	泰国国家通信委员会（National Telecommunication Commission of Thailand，NTC）要求所有无线和通信产品在进入泰国市场销售前须取得许可证书并加贴认证标志	带有无线通信模块的家电产品（仅限2.4GHz Wi-Fi 无线接入设备）

表3-8 泰国家电产品认证要求与涉及的主要执行标准

类别	认证要求	涉及的主要执行标准
电气安全	型式试验+工厂审查+获证后监督；产品须在指定检测机构测试；须由本地代表持证	TIS 1375-2547 TIS 385-2524 TIS 1462-2548 TIS 934-2558 TIS 2214 等
能效	产品须在指定检测机构测试；须由本地代表持证	TIS 2134-2553 TIS 2710-2558 TIS 1155-2557 TIS 2186-2547 TIS 455-2537

续表

类别	认证要求	涉及的主要执行标准
无线通信射频（仅限Wi-Fi）	泰国国家通信委员会认证模式； 模式一，在指定实验室完成测试后提供测试报告申请许可； 模式二，提供已有的测试报告申请许可，如美国联邦通信委员会或无线电及通信终端指令（Radio and Telecommunications Terminal Equipment Directive，R&TTE）报告； 模式三，由泰国当地代表提供自我符合性声明至泰国国家通信委员会备案； 须由本地代表持证	ETSI EN 300 328 欧盟 RED 指令

（三）菲律宾

菲律宾家电产品市场准入与技术法规见表3-9，家电产品认证要求与涉及的主要执行标准见表3-10所示。

表3-9 菲律宾家电产品市场准入要求与技术法规

类别	市场准入和法规要求	产品范围
电气安全	依据《菲律宾标准质量和/或安全认证标志实施条例》，部分家电产品须符合强制性产品认证——进口商品许可证（Import Commodity Clearance，ICC）要求，方可进入市场销售	电风扇、电熨斗、搅拌器、微波炉、电饭锅、咖啡机、电水壶、电烤箱、电炉、电加热板、洗衣机、电冰箱、空调器
能效	《菲律宾能源标签计划（PELP）实施指南》要求部分家电产品满足最低能效性能标准及特殊产品要求中的其他性能要求并加贴能效标签，方可进入市场销售	空调器、电冰箱、洗衣机
无线通信射频（仅限Wi-Fi）	无线和电信产品获律宾国家通信委员会认可证书并加贴证书编号，方可进入市场销售	带有无线通信模块的家电产品（仅限2.4GHz Wi-Fi无线接入设备）

表 3-10 菲律宾家电产品认证要求与涉及的主要执行标准

类别	认证要求	涉及的主要执行标准
电气安全	须在指定检测机构测试；须由本地代表持证	PNS IEC 60335 系列标准
能效	须在指定检测机构测试；须由本地代表持证	PNS 396-1 PNS 396-2 PNS 396-3 PNS 240 PNS 1474 ISO 581 等
无线通信射频（仅限 Wi-Fi）	须在指定检测机构测试；须由本地代表持证	ETSI EN 300 328 欧盟 RED 指令

四、日本家电产品市场准入的主要政策与执行标准

日本经历了从"贸易立国"到"技术立国"的转变，其技术性贸易措施体系带有强烈的贸易保护色彩。日本的技术法规、技术标准名目繁多，但只有少数标准与国际标准一致。产品出口至日本，不仅需要符合国际标准，还需与日本标准相吻合。主要市场准入与技术法规、执行标准如表 3-11、表 3-12 所示。除日本工业标准（Japanese Industrial Standards，JIS）外，日本还有许多专业团体标准，如日本电机工业会（The Japan Electrical Manufactures' Association，JEMA）标准、日本钢铁联盟（Japan Iron and Steel Federation，JISF）标准等。

表 3-11 日本家电产品市场准入要求与技术法规

类别	市场准入和法规要求	产品范围
电气安全	《电器用品安全法》规定的 116 种特定电气产品，341 种非特定电气产品，均须加贴日本电气用品的强制性 PSE（Product Safety of Electrical Appliance & Materials）认证标志，方可进入市场： 其中特定电气用品须经指定认证机构认证，并加贴 PSE 认证菱形标志； 非特定电气产品须经过自我测试和自我声明的方式，加贴 PSE 认证圆形标志	特定电气产品： 电马桶座圈、电温柜、电热水器、家用热水治疗器、电蒸汽浴室、蒸汽浴室用电加热器、电桑拿浴室、桑拿浴室用电加热器、观赏鱼用电热器、观赏植物用电热器、冷藏/冷冻展示柜、冰淇淋机、食品垃圾处理器机、电动按摩器、自动清洗干燥式马桶、高频脱毛器 非特定电气产品： 电热毯、电热垫、暖脚器、热脚垫、烤架、面包片烘烤器及类似用途便携式烹饪器具、驻立式电灶、灶台、烤箱及类似用途器具、微波炉、液体加热器、皮肤及毛发护理器具（电吹风、烫发夹、卷发棒、干手器等）、电熨斗及熨平机、电动剃须刀、电推剪、微波炉等。果汁机、果汁搅拌机、食物混合器、电面条机、磨咖啡机、电年糕机、电开罐机、电绞肉机、电切肉机、电切面包机、除湿机、电冰箱、洗衣机、烘干机、电甩干机、电热水器、电风扇换气扇空气环流扇、吸尘器
电磁兼容	在适用的情况下，PSE 认证产品目录范围内的产品须符合电磁兼容要求并通过检测认证	同上
无线通信射频（仅限 Wi-Fi）	日本针对无线通信设备实施强制性 MIC（Ministry of Internal Affairs and Communications）认证，亦称 TELEC（Telecom Engineering Center）认证	带有无线通信模块的家电产品（仅限 2.4GHz Wi-Fi 无线接入设备）

表 3-12 日本家电产品认证要求与涉及的主要执行标准

类别	认证要求	涉及的主要执行标准
电气安全	PSE 菱形认证目录内产品认证模式为型式试验＋工厂审查，产品须在指定检测机构测试；	J 60335 系列标准
电磁兼容	PSE 圆形认证目录内产品企业可通过自我检测或第三方检测机构检测的模式声明符合电安法要求	J 55014-1 J 55001
无线通信射频（仅限 Wi-Fi）	产品须在指定检测机构测试	针对 Wi-Fi（b.g.n）增加的测试标准和要求 MIC：RF（射频）部分：（2.4GHz Wi-Fi）Item 19 of Article 2-1、（2.4GHz 非 Wi-Fi）Item 19 of Article 2-1

五、韩国家电产品市场准入的主要政策与执行标准

韩国技术性贸易措施体系是在韩国技术与标准局（KATS）的管理下，依据《工业标准化法》《工业产品品质质量法》《植物防疫法》等法律，制定韩国工业标准（Korean Standards，KS），实施韩国认证（Korea Certification，KC）和韩国 KS 认证。主要市场准入与技术法规、执行标准如表 3-13、表 3-14 所示。

表 3-13 韩国家电产品市场准入要求与技术法规

类别	市场准入和法规要求	产品范围
电气安全	依据《电器用品及生活用品安全管理法》，韩国认证目录内的电子电器产品须获得 KC 认证证书并加贴 KC 标志方可进入市场销售；列入强制认证范围的产品，须获得指定认证机构颁发的 KC 认证证书	吸尘器、电熨斗及熨平机、洗碟机和干燥器、烤架、面包片烘烤器及类似用途便携式烹饪器具（烤箱、烤架、灶台、电灶、电磁炉、面包片烘烤器、华夫饼炉、面包机）、驻立式电灶、灶台、烤箱及类似用途器具（烤箱、烤架、灶台、电灶等）、洗衣机及脱水机、电保暖器及电热的碗柜、厨房用电动机械、液体加热器、电毛毯（垫）和类似柔软的电热设备、电灸机和暖脚器、贮水式电热水器、制冷、冷藏、冷冻、制冰设备、微波炉、家用电缝衣机、烘干机、空间对流加热器、按摩电器、空调器及除湿器、电风扇及抽油烟机、空气净化器、桑拿机器、观赏及宠物用机器、气泡发生器、电冲击杀虫机、电浴缸、自动售货机、卫生间用设备、电消毒箱、碎渣机、卷湿毛巾和湿毛巾包装设备、水果剥皮机、土豆剥皮机、碾米机、面包切割机、宠物用洗澡设备、美容美发设备、电酒成熟器、红外线/紫外线皮肤管理器、电熏蒸机、起毛去除机、氧气·离子发生器、电净水器、超声波洗净器
电磁兼容	韩国认证目录涵盖的家电产品须满足电磁兼容要求并获取证书	
能效	部分家电产品须满足最低能效性能标准要求并加贴能效等级标签	电冰箱、泡菜电冰箱、电冷冻设备、空调器、洗衣机、滚筒洗衣机、洗碟器、干燥器、冷热饮水机、电饭锅、真空吸尘器、电风扇、空气净化器、电暖风机、电炉、除湿器、商用电冰箱、家用燃气锅炉、燃气热水器、电热扇、加湿器、加热垫、加热水床、加热床
无线通信射频（仅限 Wi-Fi）	无线通信设备须获得韩国科学、信息技术通讯与未来规划部（Ministry of Science, ICT & Future Planning，MSIP）颁发的认证证书	带有无线通信模块的家电产品（仅限 2.4GHz Wi-Fi 无线接入设备）

表 3-14 韩国家电产品认证要求与涉及的主要执行标准

类别	认证要求	涉及的主要执行标准
电气安全	韩国安全认证模式根据产品风险高低分为安全认证、安全确认和供应商符合性确认三种模式； 安全认证的模式为"型式试验+工厂审查+获证后监督"；	K 60335 系列标准
电气安全	安全确认的模式为型式试验； 符合性声明由制造商/进口商自我实施； 安全认证模式持证人为工厂/进口商； 安全认证和安全确认均须在指定的检测机构测试； 符合要求的产品须加贴认证标志	K 60335 系列标准
电磁兼容	韩国电磁兼容认证模式分为符合性认证、符合性注册和临时认证三种模式； 符合性认证和注册模式均为型式试验，须在指定实验室进行测试； 临时认证的认证模式为型式试验，适用没有符合性评定标准的设备和材料将根据有关国际标准的实验结果进行评定	KS C 9814-1 KS C 9814-2 KS C 9610-3-2 KS C 9610-3-3 KS C 9610-3-11 KS C 9610-3-12 等
能效	最低能效性能标准覆盖产品须满足最低能效基准并加贴能效等级标识；产品须在指定检测机构测试；测试报告须由韩国当地的代理/进口商在韩国能源管理公司（Korea Energy Management Corporation，KEMCO）官方注册登记	KS C 9306 KS C 9317 KS C IEC 60456 KS C IEC 62552 等
无线通信射频（仅限Wi-Fi）	根据产品的不同类别，韩国科学、信息技术通讯与未来规划部的认证分为：符合性认证（无线通信设备）、符合性注册（电器用品）和临时认证（针对暂时没有标准的器材）三种认证模式； 产品须在指定检测机构测试	韩国无线电规范

本节重点分析了广东省智能家电产业主要出口市场的市场准入要求、技术法规和认证要求与主要执行标准，内容涵盖家电产品电气安全、电磁兼容、能效环保和无线通信射频等方面，体现了各个国家对进入本国产品的最低技术标准和要求。为达到出口国市场准入要求，企业在生产制造过程中，不断强化自主创新，推动技术进步，并将技术创新以专利等形式加强知识产权保护。因此，国际商品贸易的市场准入政策背后，实质上体现的是企业参与国际市场的

知识产权之争。谁掌握着产业最前沿的技术，谁就拥有产业技术标准的规制权和知识产权布局的主动权，因而更易于从市场准入方面设置技术性贸易措施。

第二节 主要出口市场知识产权保护政策

广东省智能家电出口市场既有欧洲、美国、日本和韩国等知识产权制度比较健全的发达经济体，也有东盟等知识产权制度不够完善的发展中经济体。因此，企业在出口过程中，既会面临来自发达经济体知识产权严保护带来的壁垒，也会遭遇发展中经济体保护不力带来的壁垒。受篇幅限制，本节不具体阐述主要出口市场实施的具体知识产权政策，重点介绍主要出口市场的知识产权保护举措和发展趋势。

一、美国特有的知识产权保护制度——"337调查"和"特别301条款"

美国是较早建立知识产权制度的国家，早在1787年宪法中就规定了版权和专利权条款，如表3-15所示，美国目前已建立起以立法保护为基础、司法保护为主要途径、行政保护为重要手段的知识产权保护体系[1]，并积极运用多种政策手段将知识产权保护转化为国际贸易博弈的筹码，以捍卫美国经济霸主和知识产权强国地位，其中，"337调查"和"特别301条款"最为典型。

表3-15 美国知识产权保护机构及职责

保护类型	机构名称	工作职责	法律依据
立法保护	美国国会	负责研究知识产权政策，草拟、修正与知识产权有关的法案，收集最新的科技发展资讯	《美国宪法》

---

[1] 王岩，朱谢群. 美国知识产权环境研究报告[EB/OL]. (2017-08)[2022-05-30]. http://freereport.cnipa.gov.cn/detail.asp?id=128.

续表

保护类型	机构名称	工作职责	法律依据
司法保护	美国法院	美国法院体系分为联邦法院体系和州法院体系，联邦法院和各州法院在管辖权上没有从属关系，两个体系是相互独立的平行体系。联邦法院体系分为三级：联邦最高法院、联邦巡回区上诉法院（共13个）和联邦地区法院（共94个）。州法院也分为三级，法院名称由各州自行决定，并不统一，一般分为州最高法院、州中级上诉法院和县法院。 最高法院：负责审判具有重大影响力的案件； 巡回上诉法院：总共13个，1—11号为区域性法院，12号为华盛顿特区上诉法院，13号为专门化的联邦巡回上诉法院。联邦巡回上诉法院对专利诉讼具有排他性的上诉管辖权，其判决在知识产权诉讼中具有关键性的作用； 州法院：审理州注册商标及按惯例法取得的商标侵权诉讼、商业秘密的滥用以及不正当竞争等案件	《统一商业秘密法》《联邦商业间谍法》
行政保护	美国专利商标局	负责专利和商标的审查、登记、授权、公开；专利和商标文献管理；知识产权人才培训；知识产权国际交流与合作；向美国国际贸易代表办公室提供关于"特别301报告"观察名单的建议；为国会、法院及行政部门提供技术性建议	《专利法》《商标法》《联邦商标反淡化法》《发明创造法》
	美国版权局	负责版权的登记和审核，就版权的法规和政策为国会、法院及行政部门提供咨询，执行《半导体芯片保护法》	《版权法》《半导体芯片保护法》
	美国贸易代表办公室	负责知识产权方面的国际贸易谈判和"特别301条款"的执行，每年公布"特别301报告"观察名单，列出保护美国知识产权方面有问题的国家，并采取有效的贸易报复措施，迫使其他国家加强对美国知识产权的保护	《1988年综合贸易与竞争力法》"特别301条款"

续表

保护类型	机构名称	工作职责	法律依据
行政保护	美国国际贸易委员会	共同负责对外国知识产权侵权产品的进口和销售的审查,并采取有效的边境措施。对可能侵权的进口产品发起"337调查",调查核实后可以发出强制排除令或禁止令,由海关采取相应措施扣押知识产权侵权产品	《1930年关税法》第337节及相关修正案
	美国海关边境保护局		
	美国司法部反垄断局	负责调查和起诉反不正当竞争和反垄断相关案件。司法部主要负责交通业、电信业等,联邦贸易委员会主要负责能源产业、制药、医疗保健产业等	反不正当竞争法律体系
	美国联邦贸易委员会	负责调查和起诉反不正当竞争和反垄断相关案件。司法部主要负责交通业、电信业等,联邦贸易委员会主要负责能源产业、制药、医疗保健产业等	
仲裁	美国仲裁协会	负责通过调解仲裁方式对知识产权进行保护	《美国仲裁法》

(一)"337调查"

1."337调查"的由来

"337调查"是美国国际贸易委员会(United States International Trade Commission,USITC)依据美国《1930年关税法》第337节的有关规定,针对进口贸易中的知识产权侵权行为及其他不公平竞争行为开展调查,裁决是否侵权及有必要采取救济措施的一项准司法程序。涉及侵犯美国知识产权的"337调查"案件85%以上是针对专利侵权行为,少数调查涉及注册商标侵权、版权侵权、集成电路布图设计侵权和外观设计侵权等行为。[1]

2."337调查"的主要特点

一是立案门槛低。申请人只需证明其在美国存在与其主张的知识产权相

---

[1] 中华人民共和国商务部.337调查简介[EB/OL].[2022-05-25].http://ipr.mofcom.gov.cn/zhuanti/337/337_index.html.

关的产业,不需要证明有损害发生。美国国际贸易委员会只有在极罕见的情况下才不予立案。二是程序耗时短。"337调查"期限一般为12个月至16个月,联邦地区法院的专利案件审理周期一般为24个月以上。三是救济措施严。一旦调查认定进口产品存在侵权行为,美国国际贸易委员会将发布普遍排除令、有限排除令或禁止令。普遍排除令即不分来源地禁止所有同类侵权产品进入美国市场,有限排除令即禁止列名被告企业的产品进入美国市场。禁止令即禁止侵权企业从事与侵权行为有关的行为,包括停止侵权产品在美国市场上的销售、存储、宣传推广等。四是对物管辖权。对于所有进口到美国的产品,适用属物管辖权。只要能够证明存在涉案进口产品,申请人就可以请求美国国际贸易委员会对世界各地的被诉企业同时展开调查。

3. "337调查"的本质

"337调查"是美国为了维护本土企业和跨国企业的利益而采取的行政救济措施。从历史上看,"337调查"的重点对象是美国在不同时期的主要进口贸易国。20世纪70年代之前,欧洲是"337调查"的主要对象;20世纪70年代末至80年代末,日本经济迅速发展并向美国出口大量物美价廉的商品,因此遭到"337调查"的重点打击;20世纪90年代开始,"亚洲四小龙"韩国、新加坡等经济快速发展,对美贸易量迅速增加,引发了多起"337调查";进入21世纪,中国经济迅速崛起,中美贸易总量不断增加,中国成为美国最重要的贸易合作伙伴,也成为"337调查"的"重灾区"。可见,"337调查"的本质是美国以国内立法为基础,采用准司法手段对贸易行为进行干预的一种手段,体现的是国与国之间产业的博弈。

4. "337调查"程序变化趋势

2021年5月12日,美国国际贸易委员会颁布了一项新的试点计划,允许行政法官就某些特定问题在全面听证之前提前做出临时初步裁决(Interim Initial Determinations)。❶ 特定问题的范围包括可以决定案件成败或者在全面听

---

❶ United States International Trade Commission.Pilot Program Will Test Interim ALJ Intial Determinations on Key Issues in SEC.337 Investigations [EB/OL].(2021-05-12)[2022-05-31].https://www.ustic.gov/press_room/featured_news/337pilotprogram.html.

证之前可以解决重大问题的事项，以及有利于促成和解或者有助于解决当事方全部争议的事项。该计划适用 2021 年 5 月 12 日之后启动的所有"337 调查"，在此之前启动的调查由主审法官自由裁量是否适用该计划。这是继 2013 年试点的"百日程序"后美国又一项改进"337 调查"程序的尝试，旨在加快和便利化"337 调查"程序，降低美国国际贸易委员会的资源浪费和当事人的诉讼成本。

在中美经济竞争对抗加剧的背景下，美国频繁利用"337 调查"打击中国企业。"337 调查"已成为美国知识产权国际竞争的重要工具，是打着保护知识产权的旗号限制外国产品进入本国市场的贸易保护主义行为。2010 年至 2021 年，美国国际贸易委员会发起的涉中国"337 调查"案件共 296 起。其中，涉广东省案件共 114 起，占全国涉案数的 39.39%。从历年情况看，涉广东省案件数占全国案件总数的比重总体呈上升趋势，并在 2017 年以后保持在 20% 以上，2021 年更是达到了 27.45% 的历史新高。在此期间，智能家电企业涉"337 调查"案件共 24 起，占广东省案件总数的 21.05%。[1] 随着广东省智能家电产业国际市场份额的不断提高，智能家电企业遭受"337 调查"逐渐成为常态，广东省智能家电企业需要提高防范意识。

（二）"特别 301 条款"

1."特别 301 条款"的内涵

特别 301 条款是美国贸易法中置于一般 301 条款下的有关知识产权保护的一个特别条款，始见于美国《1974 年贸易法》（*Trade Act of 1974*）第 182 条，而后的《1988 年综合贸易与竞争法》（*Omnibus Trade and Competitive Act of 1988*）第 1303 条对其内容做了增补。条款要求美国贸易代表办公室（Office of the United States Trade Representative，USTR）每年发布"特别 301 报告"，全面评价与美国有贸易关系的国家的知识产权保护情况，确定未能对美国知识产权实施有效保护的国家以及否定依赖知识产权保护的美国产品公平进入其市场

---

[1] 广东省 WTO/TBT 通报咨询研究中心.2010—2021 年美国"337 调查"涉粤企情况报告 [R].广州：广东省 WTO/TBT 通报咨询研究中心.2022.

的国家,并对在知识产权方面存在严重问题的国家发起调查,直至诉诸贸易制裁。美国贸易代表办公室视相关国家存在问题的程度,分别将其划分为一般观察国家、重点观察国家、重点国家及306条款监督国家。被列入重点观察国家、一般观察国家不会立即面临报复措施或要求磋商;被列入重点国的,美国将在公告后30天内对其展开6个月至9个月的调查并进行谈判,迫使其采取相应措施检讨和修正其政策,否则将采取贸易报复措施予以制裁;一旦被列入306条款监督国家,美国可不经过调查自行发动贸易报复。

2."特别301条款"的本质

美国是世界上科技发展水平最高且技术输出最多的国家,因此也是最需要通过知识产权保护保障其经济持续发展的国家。特别301条款充分利用美国在知识产权储备和保护制度上的优势,把关税和出口政策和他国保护美国知识产权的水平直接挂钩,对所有不保护、不完全保护、不充分保护美国知识产权的国家进行单边性的经济威胁和贸易制裁,迫使其接受并使用美国的标准提高知识产权保护水平,要求其准许美国的产品进入市场并确保产品的知识产权受到保护,从而达到提高本国产品国际竞争力和平衡贸易逆差的效果。

面对美国强势的贸易保护政策,中国采取了主动应对的态度,出台多项政策和措施,涵盖了国家层面的外贸应对政策、知识产权保护战略和地方特色产业发展规划。从对外贸易的全局发展到广东省智能家电产业的发展,企业都能找到国家和地方政府提供的战略性应对指导。2021年3月印发的《中华人民共和国国民经济和社会发展第十四个五年规划和2035年远景目标纲要》第七章第四节中❶,提到"健全产业损害预警体系,丰富贸易调整援助、贸易救济等政策工具,妥善应对经贸摩擦",强调要加强风险预警和援助救济来提升企业应对外贸摩擦的能力。2021年10月印发的《"十四五"国家知识产权保护和

---

❶ 中华人民共和国政府.中华人民共和国国民经济和社会发展第十四个五年规划和2035年远景目标纲要[A/OL].(2021-03-13)[2022-05-30].http://www.gov.cn/xinwen/2021-03/13/content_5592681.htm.

运用规划》中❶，提到积极推进与经贸相关的多双边知识产权谈判。妥善应对国际知识产权争端，加强与主要贸易伙伴的知识产权合作磋商，积极推进同其他国家和地区自贸协定知识产权议题谈判。

在地方产业发展方面，2020年9月，《广东省发展智能家电战略性支柱产业集群行动计划（2021—2025年）》印发❷，其中提到要开展智能家电产业集群专利导航和发明专利优先审查，支持开展智能家电关键核心技术领域高价值专利培育布局。建立家电行业知识产权数据库，开展专利导航和知识产权分析评议。建立健全智能家电专利快速审查、确权和维权机制，打击知识产权侵权行为。

二、欧洲统一专利法院制度

（一）欧洲统一专利法院制度概况

欧洲的统一专利法院制度酝酿已久，自1970年代以来，欧盟成员国一直试图建立统一的专利保护机制。如表3-16所示，2007年4月，欧共体正式开始审查建立统一专利法院（Unified Patent Court，UPC）的建议。其后，欧盟又经历了英国脱欧并退出统一专利法院，以及德国在推进统一专利法院上遇到困难等波折。直到2022年1月18日，奥地利交存《统一专利法院协议》（Unified Patent Court Agreement，UPCA）批准文书后，《统一专利法院协议临时适用议定书》于2022年1月19日开始生效，同时也开启了统一专利法院体系运行前为期近8个月的临时适用期。目前，已有17个欧盟成员国❸加入欧洲统一专利法院系统。

---

❶ 中华人民共和国政府.国务院关于印发"十四五"国家知识产权保护和运用规划的通知：国发〔2021〕20号［A/OL］.（2021-10-28）［2022-05-30］.http://www.gov.cn/zhengce/content/2021-10/28/content_5647274.htm.

❷ 广东省工业和信息化厅，广东省发展和改革委员会，广东省科学技术厅，等.广东省发展智能家电战略性支柱产业集群行动计划（2021—2025年）的通知：粤工信消费〔2020〕121号［A/OL］.（2020-10-09）［2022-05-12］.http://www.gd.gov.cn/zwgk/jhgh/content/post_3097823.html.

❸ 17个欧盟成员国分别是德国、比利时、保加利亚、丹麦、爱沙尼亚、法国、意大利、拉脱维亚、立陶宛、卢森堡、马耳他、荷兰、奥地利、葡萄牙、斯洛文尼亚、芬兰和瑞典；共有7个欧盟成员国等待加入，分别是塞浦路斯、捷克、希腊、匈牙利、爱尔兰、罗马尼亚和斯洛伐克。

表 3-16 欧洲统一专利法院制度建立进程

时间	参与主体	进程
2007 年 4 月	欧共体	欧共体正式开始审查关于建立 UPC 的建议
2009 年 3 月	欧盟委员会	欧盟委员会请求欧洲理事会允许开设一个全欧洲统一的专利法院
2013 年	欧盟成员国	25 个欧盟成员国承诺批准 UPC 协议（包含英国）。该协议规定，需要有 13 个欧盟国家的批准才能生效，其中三个国家必须是英国、法国和德国。按照计划，UPC 中，英国伦敦负责生命科学案件，德国慕尼黑负责机械工程案件，法国巴黎负责电子信息案件
2016 年底	欧盟成员国	除了英国和德国外的 11 国已经全部批准了 UPC
2017 年 3 月	英国	英国正式启动"脱欧"程序，原计划于 2017 年开始实施的 UPC 也被迫推迟
2019 年	英国	虽然英国已经脱欧，但是因为欧洲专利局并不属于欧盟，英国还是宣布批准 UPC 协议
2020 年 2 月	英国	英国首相鲍里斯·约翰逊当选后宣布英国不参加 UPC
2020 年 3 月	德国	德国最高宪法法院驳回了德国政府加入 UPC 的决定，起因是一位德国的知识产权律师 Ingve Stjerna 对此提出了法律挑战
2020 年年底	德国	德国立法机构上议院批准了建立 UPC 的协议
2021 年 6 月	德国	德国克服了加入《统一专利法院协议》的合宪性异议
2021 年 8 月	德国	德国总统签署了批准《统一专利法院协议》的必要法案
2021 年 12 月	德国	《统一专利法院协议》在德国议会获得通过
2021 年 12 月	奥地利	奥地利批准《统一专利法院协议和临时适用协定》
2022 年 1 月	奥地利	奥地利交存《统一专利法院协议》批准文书
2022 年 1 月	欧盟	《统一专利法院协议和临时适用议定书》开始生效，同时也开启了统一专利体系运行前的预计为期 8 个月左右的临时适用期
2022 年 9 月	UPC 执行委员会	统一专利法院执行委员会宣布 UPC 程序规则和经费目录将生效

(二)欧洲统一专利法院制度的两大支柱:欧洲单一专利和欧洲统一专利法院

根据《统一专利法院协议》,欧洲单一专利(Unitary Patent,UP)将与传统欧洲专利在未来并行存在。在申请欧洲专利的过程中,如采用传统欧洲专利的申请方式,在向欧专局提交一份申请,获得授权并生效后,可以在指定国家拥有独立的地域保护。如将专利申请成为欧洲单一专利,则可以在欧盟内部已经批准过该制度的国家获得统一保护。欧洲单一专利在生效后会有一个7年的过渡期,在这期间欧洲专利除了受当地法院的管辖,还同时受到欧洲统一专利法院的管辖。若申请人不想让欧洲统一专利法院管辖自己的欧洲专利,可以选择提交退出声明。

欧洲统一专利法院制度的行政授权和管理主要通过新增的欧洲单一专利申请途径来实现,司法实践依托欧洲统一专利法院运行。欧洲统一专利法院将负责处理欧洲单一专利和传统欧洲专利的侵权和有效性问题,上诉法院设在卢森堡,并在德国慕尼黑设立负责机械工程案件的法庭、在法国巴黎设立负责电子信息案件的法庭,以及在匈牙利布达佩斯设立负责生命科学案件的法庭,以减少平行诉讼成本,提高司法效率。英国脱欧后,德国成为欧洲统一专利法院的主要司法审判力量。

(三)欧洲统一专利法院制度的影响

与原来的欧洲知识产权制度相比,欧洲统一专利法院制度具备成本低、专业性强的特点。而且,鉴于德国在欧洲统一专利法院制度中的重要影响力,欧洲统一专利法院制度很可能会继承德国较宽松的禁令条件,善于运用禁令救济加强知识产权保护。而颁布禁令救济是对美国权利人最有吸引力的一项措施。2006年,美国最高法院在易趣诉MercExchange公司案(eBay Inc. v. MercExchange, L.L.C., 547 U.S. 388)中提高了发布永久禁制令的要求,使权利人在美国获得禁令难度加大,严重影响了专利权人在美国的专利运营工作。因此,美国的专利权人纷纷将专利执法的重点转向欧洲。英国和德国的法院因禁令救济条件相对宽松,成为美国权利人理想的专利执法地和欧洲专利诉讼最活跃的国家。欧洲统一专利法院制度开始运行之后，一件欧洲专利如果被判侵权，权利人就可以在欧盟 24 国同时获得禁令，这远比单独需要在各个国家提起诉讼并获得禁令更有效率和性价比，专利执法力度明显更大。因此，欧洲统一专利法院制度作为现有集中式欧洲专利授权系统的有益补充，既能为专利权人在欧洲范围内提供更经济有效的专利保护和争端解决途径，也会对全球知识产权格局产生较大影响。

2021 年，广东省出口至欧盟国家的家电共 2.09 亿台，出口额高达 76.99 亿美元，位列各大出口国家首位。因此，欧洲统一专利法院体系的落地实施势必对广东省智能家电企业在欧洲的专利保护策略产生巨大影响。广东省智能家电企业可重点关注欧洲单一专利和传统欧洲专利在申请程序和成本的差别，并结合企业在欧洲的专利保护现状，审慎选择在欧洲的专利布局策略。

三、发达经济体加快标准必要专利的布局

标准必要专利（Standards-Essential Patents）是指从技术方面来说对于实施标准必不可少的专利，或指为实施某一技术标准而必须使用的专利。相较于普通专利而言，标准必要专利凭借标准广泛传播的公共属性，具有促进创新、增进效率的突出优势。但由于其通常是由具有绝对领先优势的行业巨头来制定，也存在着破坏正常市场竞争秩序的潜在风险。例如，标准必要专利权人运用标准来限制其他企业的准入，运用话语权来打压制约竞争对手，或收取不合理的高额许可费等。尽管国际上对标准必要专利权人提出了公平、合理、和不带歧视性的条款（Fair Reasonable And Non-Discriminatory terms，FRAND 原则），但由于不同国家对公平、合理和不带歧视性的条款认识不一，以及专利法和诉讼体制的不同，对标准必要专利禁令救济问题的适用也各不相同，没有统一的标准。

近年来，随着 5G 通信、物联网、智能汽车和智能家居的迅速发展，标准必要专利许可成为知识产权国际竞争的焦点。当前正处在全球范围内标准必要专利许可规则和许可模式构建的重要阶段，如表 3-17 所示，欧盟、美国、日

本、韩国发达经济体纷纷密集出台相关政策制度来抢占规则话语权，以期其能够在未来的产业博弈中更好地维护本国优势产业的发展利益。由于产业发展情况和政府执政理念的不同，欧盟、美国、日本和韩国的标准必要专利禁令救济政策侧重点也各不相同。

表 3-17　欧盟、美国、日本、韩国标准必要专利政策发展趋势

时间	发布国家/组织	发布机构	政策名称
2017年11月29日	欧盟	欧盟委员会	《标准必要专利的欧盟路径》 Setting out the EU approach to Standard Essential Patents
2020年11月25日	欧盟	欧盟委员会	《关于支持欧盟复苏和恢复的知识产权行动计划》（2020） An Intellectual Property Action Plan to Support the EU's Recovery and Resilience (2020)
2021年1月23日	欧盟	欧盟委员会	《标准必要专利的许可及评价相关的专家意见报告书》 Group of Experts on Licensing and Valuation of Standard Essential Patents
2021年11月11日	欧盟	欧盟委员会	《关于支持欧盟复苏和恢复的知识产权行动计划》（2021） An Intellectual Property Action Plan to Support the EU's Recovery and Resilience
2022年2月14日	欧盟	欧盟委员会	《知识产权—标准必要专利的新框架》（征求意见稿）[1] Intellectual property-new framework for standard-essential patents (Call for evidence for an impact assessment)

---

[1]　2022年2月14日，欧盟委员会发布《知识产权—标准必要专利的新框架》，旨在解决标准必要专利许可的相关问题，改进欧盟的标准必要专利许可制度，并向全球利益相关者征集意见，截止日期是2022年5月9日。按照时间进度表预计在2022年第四季度完成，尚未发布正式文件。

续表

时间	发布国家/组织	发布机构	政策名称
2011年3月7日	美国	美国联邦贸易委员会	《演变中的知识产权市场：专利声明与救济和竞争的协调》报告 The Evolving IP Marketplace: Aligning Patent Notice and Remedies With Competition
2013年1月8日	美国	美国司法部、美国专利商标局	《关于标准必要专利救济的联合政策声明》（2013） Policy Statement on Remedies for Standards-Essential Patents Subject to F/RAND Commitments
2019年12月19日	美国	美国司法部、美国专利商标局、国家标准与技术研究所	《关于标准必要专利救济的联合政策声明》（2019） Policy Statement on Remedies for Standards-Essential Patents Subject to F/RAND Commitments
2021年12月6日	美国	美国司法部、美国专利商标局、国家标准与技术研究所	《关于标准必要专利许可谈判和救济的联合政策声明草案》（征求意见稿）❶ Draft Policy Statement on Licensing Negotiations and Remedies for Standards-Essential Patents Subject to F/RAND Commitments
2022年6月8日	美国	美国司法部、美国专利商标局、国家标准与技术研究所	宣布撤回2019年《关于标准必要专利救济的联合政策声明》 Justice Department, U.S. Patent and Trademark Office and National Institute of Standards and Technology Withdraw 2019 Standards-Essential Patents (SEP) Policy Statement

---

❶ 为响应拜登政府《促进美国经济竞争》的行政命令，美国司法部、美国专利商标局、国家标准与技术研究所重新审查在特朗普政府期间发布的《关于标准必要专利救济的联合政策声明》（2019），并在2021年12月6日联合发布《关于标准必要专利许可谈判和救济的联合政策声明草案》征求公众意见，截止日期为2022年1月5日。该草案就标准必要专利禁令适用问题上与2019年的政策声明有所不同，因此遭到标准必要专利权利人以及主张知识产权强保护人士的强烈反对。2022年6月8日，三个部门联合宣布撤回2019年《关于标准必要专利救济的联合政策声明》，但未提及2021年草案是否修改或作为替代政策。

续表

时间	发布国家/组织	发布机构	政策名称
2018年3月28日	日本	日本特许厅	《标准必要性判定意见指南》 Manual of "Hantei" (Advisory Opinion) for Essentiality Check
2018年6月5日	日本	日本特许厅	《标准必要专利许可谈判指南》 Guide to Licensing Negotiations involving Standard Essential Patents
2019年6月26日	日本	日本特许厅	《标准必要性判定意见指南》(修订版) Manual of "Hantei" (Advisory Opinion) for Essentiality Check (Revised Version)
2020年4月21日	日本	日本经济贸易产业省	《多组件产品标准必要专利的合理价值计算指南》 Guide to Fair Value Calculation of Standard Essential Patents for Multi-Component Products
2021年7月13日	日本	日本知识产权战略总部	《知识产权推进计划2021》 知的財産推進計画2021
2021年7月26日	日本	日本经济贸易产业省	《标准必要专利许可环境中期研究报告(概述)》 Study Group on Licensing Environment of Standard Essential Patents Interim Report (Overview)
2022年3月31日	日本	日本经济贸易产业省	《标准必要专利的诚信许可谈判指南》Good Faith Negotiation Guidelines for Standard Essential Patent Licenses
2022年7月19日	日本	日本特许厅	《标准必要专利许可谈判指南》(2.0版) Guide to Licensing Negotiations involving Standard Essential Patents (2.0nd Edition)
2016年10月5日	韩国	韩国特许厅	《标准必要专利指南》 표준특허 길라잡이
2020年2月19日	韩国	韩国特许厅	《标准必要专利纠纷应对指南》 표준특허 분쟁대응 가이드
2021年11月15日	韩国	韩国特许厅	《标准必要专利指南2.0版》 표준특허 길라잡이 2.0

(一)欧盟标准必要专利相关政策

欧盟对标准必要专利政策研究已久,并达成了较为一致的推进方向,即建立起一个公平和平衡的许可框架,进一步明晰和改进标准必要专利的申明、许可和实施机制,以提高法律的确定性、减少司法诉讼。早期欧盟在标准必要专利引发的禁令救济问题上,比较偏向标准必要专利权人的利益,现在逐渐发展转变为综合考虑许可双方的利益平衡。为减少纠纷,欧盟逐渐注重探究标准必要专利的必要性、提升信息透明度、明确 FRAND 费率等详细要求,以此建立起可预测的标准必要专利许可环境,鼓励专利权人和实施者通过谈判解决标准必要专利争议。

2021 年 1 月 31 日,欧盟专家组发布《标准必要专利评估和许可报告》,该报告从提高标准必要专利信息透明度、确定恰当的许可层级、明晰 FRAND 费率的内涵三个层面,对标准必要专利所涉的焦点知识产权问题的解决方案进行了探索。2021 年 7 月 13 日,欧盟在其官网发布标准必要专利许可倡议行动时间表,希望能在 2022 年第四季度建立起一个公平和平衡的许可框架。2021 年 11 月 11 日,欧洲议会通过《关于支持欧盟复苏和恢复的知识产权行动计划》,该计划提出,短期内欧盟委员会将着力于减少特定行业主体间的标准必要专利摩擦与诉讼;下一步,欧盟委员会将考虑进一步明晰和改进标准必要专利的申明、许可和实施机制,如探索建立一个独立的第三方系统对标准必要专利的必要性进行评估,以提高法律的确定性、减少司法诉讼等。

(二)美国标准必要专利相关政策

美国的标准必要专利政策走势与历届政府的执政理念密切相关。2013 年,美国司法部与专利局联合发布了《关于自愿受 FRAND 承诺约束的标准必要专利的救济措施的政策声明》,提出为减少专利劫持,只有在标准必要专利实施者不能够或者拒绝接受符合 FRAND 的许可或者实施者的行为超出了标准必要专利权人 FRAND 承诺的范围时,才考虑禁令救济。该声明倾向保护标准必要专利实施者的权利。

此后,美国国内对限制专利反向劫持的呼声越来越高。2019 年,美国专利商标局（United States Patent and Trademark Office，USPTO）、美国国家标准技术研究院（National Institute of Standards and Technology，NIST）和美国司法部（the United States Department of Justice，DOJ）反垄断局发布了《关于2019遵守自愿FRAND承诺的标准必要专利救济措施的政策声明》，指出专利权人在标准必要专利侵权诉讼中可以申请禁令救济以保障自身权益。而且专利权人作出的特定FRAND承诺、标准组织的知识产权政策以及专利权人与使用者之间的许可谈判的个别情况，都可能与标准必要专利侵权的救济措施有关，具体以每个案例的情况为准。2020年9月10日，美国司法部对2015年颁布的《IEEE❶知识产权政策的商业评估函》进行修改，明确表示专利权人有权就标准必要专利申请禁令，应注重防止专利反向劫持。

拜登政府执政后，美国标准必要专利政策有了新变化，更加强调在权利人和实施者之间寻求平衡，重新加强标准必要专利的反垄断执法实践，并强调促进美国竞争以提高创新水平。2021年1月，美国恢复了2015年版《IEEE知识产权政策的商业评估函》的效力。2021年7月9日，在拜登签署《促进美国经济竞争》行政令中，提议考虑修订2019年的政策声明，修改要点在于防止权利人权利的不当延伸而阻碍市场的有效竞争。2022年6月8日，美国司法部、美国专利商标局和美国国家标准与技术研究院撤回《关于2019遵守自愿FRAND承诺的标准必要专利救济措施的政策声明》，这一决定允许法院在标准必要专利被侵权时逐案确定适当的救济措施，这使政府摆脱了制定标准必要专利执法政策和区别对待任何其他专利的标准必要专利的业务。重要的是，当法院确定这是适当的补救措施时，标准必要专利持有人有权像任何其他专利持有人一样获得禁令救济。

（三）日本标准必要专利相关政策

日本的标准必要专利政策重点在于提高标准必要专利许可的透明度和可预测性，统筹考虑专利费在产业链不同主体间的分配，推动标准必要专利许可双

---

❶ IEEE，电气与电子工程师协会，Institute of Electrical and Electronics Engineers 的简称。

方都基于"善意"展开谈判。跟欧美发达经济体不同，日本还没有就标准必要专利禁令救济出台专门的政策法规。标准必要专利权与一般专利的禁令的申请规则是相同的，即日本的地区法院认定专利侵权行为成立时，专利权人和独占被许可人可以向申请禁令停止专利侵权行为。

禁令包括永久性禁令和诉前禁令。无论是侵权行为是恶意或者是无意的，专利权人都可以请求永久性禁令。申请永久性禁令需要满足两个条件，即侵权行为的持续发生和侵权成立的可能性。永久性禁令既可以是针对正在发生的侵权行为，也可以是针对即将发生的侵权行为。通常情况下，日本法院在确定侵权行为存在的情况下会自动颁布永久性禁令。但是，如果专利权人涉及"专利权滥用"，则法院一般不会颁布永久性禁令。现实中，目前还没有判例是关于"专利权滥用"导致法院不颁布永久性禁令的。侵权人也可以针对永久性禁令上诉到知识产权高等法院，但是需要提供担保。诉前禁令是一个独立的程序，和正常的专利诉讼是分开的。请求人在申请诉前禁令时需要证明专利侵权行为的发生和诉前禁令的必要性，即无法弥补的损害。如果专利权人或被许可人没有实施专利，则很难在日本获得诉前禁令，因为无法证明进行诉前禁令的必要性。在日本，获得诉前禁令需要 5 至 10 个月的时间。在颁发诉前禁令前，法院通常要求专利权人提供担保。

（四）韩国标准必要专利相关政策

韩国的标准必要专利政策制定起步较晚。2016 年，韩国特许厅发布首个针对标准必要专利的政策指引文件——《标准必要专利指南 1.0 版》，对标准的种类、标准必要专利的概念、标准必要专利的许可流程等基本概念进行了阐释。随后，韩国陆续发布了《标准必要专利纠纷应对指南》和《标准必要专利指南 1.0 版》，为企业提供开展标准必要专利许可谈判、制定标准必要专利策略的具体指引，以提升韩国企业标准必要专利的竞争力。在禁令救济规则方面，韩国的标准必要专利与一般专利的禁令申请规则相同。专利权人或独占被许可人可以在地方法院提起侵权诉讼并申请禁令停止专利侵权行为。禁令包括永久性禁令和临时禁令。获得永久性禁令则需权利人证明存在侵权行为或存在侵权的可能性。获得临时禁令需要权利人证明侵权的可能性及临时救济的必要性，而且权利人须对所请求的临时禁令提交担保。

四、RCEP 下的东盟知识产权保护

（一）东盟知识产权保护现状

东盟，即东南亚联盟（Association of Southeast Asian Nations，ASEAN），成立于 1967 年 8 月，目前包括马来西亚、印度尼西亚、泰国、菲律宾、新加坡、文莱、越南、老挝、缅甸和柬埔寨 10 个成员国。近年来，随着东盟与世界各国贸易量的不断增长，知识产权保护在促进国际贸易方面的积极作用日益凸显，东盟各国纷纷出台相关政策加强知识产权保护工作。但因东盟各国在政治、经济、科技、文化的发展水平不尽相同，其知识产权保护水平也存在较大差别。总体而言，新加坡和马来西亚的知识产权制度相对完备，在知识产权管理和国际合作方面取得一定成果；泰国、越南、印度尼西亚正稳步推进知识产权保护工作，积极推动制度建设和政策落地；菲律宾、文莱、老挝、缅甸和柬埔寨的知识产权制度处于起步阶段，仍需一定时间缩小与其他国家的差距。此外，为了弥补各成员国之间的知识产权保护差距，东盟积极知识产权一体化发展。《区域全面经济伙伴关系协定》中的知识产权章节是东盟推动知识产权一体化取得的重要成果。

（二）RCEP 关于知识产权的要求

作为全球规模最大的自贸协定，RCEP 由东盟十国于 2012 年发起，2020 年 11 月 15 日正式签署，2022 年 1 月 1 日正式生效实施。RCEP 成员包括东盟十国、中国、日本、韩国、澳大利亚、新西兰。如表 3-18 所示，在知识产权方面，RCEP 共包含 83 个条款和过渡期安排、技术援助 2 个附件，是 RCEP 内容最多、篇幅最长的章节，也是中国迄今已签署自贸协定所纳入的内容最全面的知识产权章节。RCEP 知识产权章在世界贸易组织（World Trade Organization，WTO）的《与贸易有关的知识产权协定》（*Agreement on Trade-*

Related Aspects of Intellectual Property Rights，TRIPs）基础上，全面提升了区域内知识产权整体保护水平，在充分尊重区域内不同成员发展水平同时，为本区域知识产权的保护和促进提供了平衡、包容的方案，既保护知识产权权利持有人的权利，也保障和知识产权使用者的合法利益，有助于促进区域内创新合作和可持续发展。

表 3-18　RCEP 知识产权章节（第十一章）

章节	主题	内容
第一节	总则和基本原则	主要原则：对社会经济和技术发展至关重要的领域采取必要措施，保护公众健康与营养和促进公共利益；防止权利人滥用知识产权权利或采取不合理地限制贸易或对国际技术转让产生不利影响的做法
第二节至第八节	覆盖领域	传统知识产权领域：著作权、商标、地理标志、专利、外观设计、反不正当竞争、知识产权执法、合作、透明度、技术援助
		知识产权保护发展新趋势：遗传资源、传统知识和民间文艺
第九节	国名的使用	每一缔约方应当为利害关系人提供法律途径，防止以在货物原产地方面误导消费者的方式在货物上商业性地使用一缔约方的国名
第十节	知识产权权利的实施	一般义务：要求各个成员方在出现侵害知识产权的行为时，要采取有效行动来制止侵权行为
		民事救济：强调公平和合理的程序，要求各成员方制定相关民事司法程序，同时成员方应允许使用替代性争端解决程序解决有关的民事争端
		边境措施：在权利人申请的情况下，边境执法机关可以采取依权利人申请，中止放行涉嫌盗版货物或假冒商标货物等措施，如海关查扣侵权的货物、物品
		刑事救济：对具有商业规模的故意的著作权或相关权利盗版或商标侵权的情况适用刑事程序和刑罚
		数字环境下的执法：民事救济小节和刑事救济小节规定的实施程序应当在相同的范围内适用于数字环境中侵犯著作权或相关权利以及商标的行为

续表

章节	主题	内容
第十一节	合作与磋商	主要要求：为促进本章的有效实施，每一缔约方应当在知识产权领域与其他缔约方开展合作，并就知识产权问题开展对话和信息交流
第十二节	透明度	公布关于知识产权权利的效力、范围、取得、实施和阻止滥用的终局司法裁决和普遍适用的行政裁定；向公众公布或使公众获得有关知识产权权利的申请和注册信息
第十三节	过渡期与技术援助	基于柬埔寨、老挝人民民主共和国、马来西亚、缅甸、菲律宾、泰国、越南等七国发展水平的差距，给予上述七国三年至十五年的过渡期，使之知识产权保护水平逐步达到与RCEP全面对接的水平
第十四节	程序事项	改善知识产权管理程序
		简化书面程序要求
附件一		特定缔约方过渡期
附件二		技术援助请求清单

RCEP知识产权章节的保护客体内容也比TRIPs有所拓展。例如，延长著作权保护期到作者死亡后至少70年，而TRIPs著作权保护期到作者死亡后的50年。扩大专利保护范围，明确允许为已知物质的新形式和新用途申请专利，使很多以前无法申请专利的新形式、新用途加入被保护的行列，而在部分特殊情况下，专利期限可以适当延长。扩大商标申请范围，规定声音和香气也可以申请商标，同时要求各成员方建立电子商标体系，以此提高申请商标和查询商标的便利性。

（三）RCEP对协定国知识产权的影响

RCEP的知识产权章节，目的在于通过保护和实施知识产权，深化经济一体化，减少贸易和投资障碍，促进区域经济发展。总体而言，协定考虑到RCEP成员方之间经济、文化等发展不均衡，尤其是越南、老挝、缅甸、柬埔寨等东盟国家经济发展较差、知识产权保护较弱，为弥合强弱势成员与发达成员在发展水平和能力上的差异，帮助有关成员更好地履行协定义务，协定还设置了"过渡期",包括对最不发达国家缔约方的过渡期和特定缔约方过渡期。其中,柬埔寨、老挝、马来西亚、缅甸、菲律宾、泰国、越南七国分别被给予3年至15年的过渡期,使之知识产权保护水平逐步达到与RCEP全面对接的水平。

RCEP对中国知识产权保护水平的影响主要体现在两个方面。一是通过推动产业结构优化升级来提高中国知识产权保护水平。RCEP在竞争政策、知识产权、政府采购、透明度等领域纳入更高标准的规则,一方面,区域内规则的统一使中国企业在成员方的投资更加便利,推动中国把有突出竞争力的制造业产能转移到区域内其他国家,将国内有限的生产资源集中在知识密集型的高科技产业上,促进国内产业的转型升级。另一方面,区域内便利的营商环境能有效吸引外资在中国布局高技术含量、高附加值以及创新型行业,促进国内加快改革步伐,同样能够推动国内经济产业结构优化升级,并且进一步提高知识产权保护水平。二是通过在知识产权保护领域达成更多共识来促进企业提高知识产权维权能力。RCEP成员方在知识产权保护范围与执法规则领域形成众多共识,对区域及全球规则制定发挥支撑和引领作用,为中国企业提供知识产权侵权和不公平竞争问题的解决机制与途径,更好地维护中国企业的合法权益。家电行业是中国对RCEP成员方出口的重点产业,出口总额较高,RCEP有利于发挥中国家电行业传统优势,更多参与国际标准制定,进一步扩大家电产品向成员方出口。同时,因为RCEP在关税上的减免,中国的家电企业与日本、韩国企业的竞争将更加激烈,也进一步倒逼中国家电企业从"制造"转型为"智造",加强自主创新能力,并继续提高知识产权保护水平,以应对区域内其他国家的技术挑战。

总体看,知识产权作为企业重要的无形资产和贸易竞争的重要武器,无论是发达国家,还是发展中国家,都在加快完善多种政策措施提升本国知识产权保护水平,保护本国产业的竞争优势。发达国家知识产权保护措施较为全面,在国内知识产权保护方面,通过不断优化知识产权申请和保护程序、强化国内知识产权管理体系数字化建设,有效提高本国企业知识产权授权和保护效率。在国际知识产权保护方面,发达国家积极运用自身影响力促成TRIPs、双边自由贸易协定生效，推动全球知识产权强保护的新趋势。同时，近年来发达国家陆续修订标准化战略和标准必要专利政策，持续研究对未来科技发展影响重大的知识产权前沿话题，加快推动相关制度建设和新兴产业技术突破，以争夺国际标准和知识产权全球话语权。与发达国家相比，中国、东盟成员国等发展中国家在知识产权保护方面仍有很大成长空间。RCEP 中关于知识产权保护章节，体现了知识产权保护不断加强，保护客体更加广泛、新增内容更为详尽、执法措施更趋全面的态势。中国积极落实 RCEP，主动参与全球区域性知识产权治理，推动区域内知识产权一体化发展，有利于减少区域内知识产权贸易壁垒行为，推动经济高质量发展。

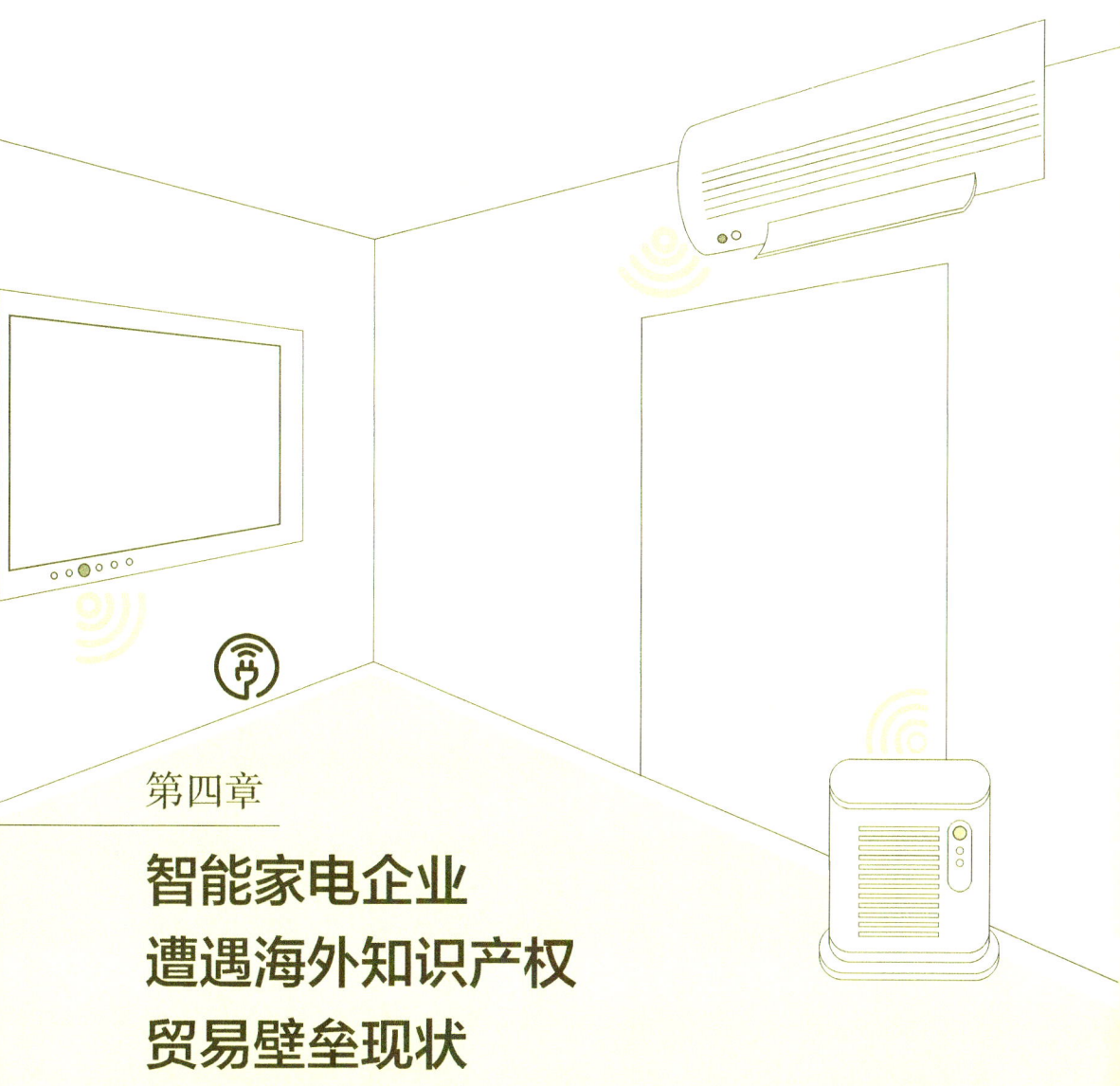

第四章

智能家电企业遭遇海外知识产权贸易壁垒现状

　　2021年广东省家用电器出口额3282.7亿元，占全国家用电器出口额的51.45%，广东省智能家电产业规模占全国比重超四成，其中电视机、空调、冰箱、厨房电器、照明灯饰等产品规模全国第一，已形成以深圳、佛山、东莞、珠海、中山、惠州、湛江为聚集地的家电产业集群，具有覆盖微电脑控制器、电机、压缩机、磁控管等核心部件的完备产业链，是全球规模最大、品类最齐全的家电制造业中心。因此，本章以广东省智能家电产业为研究对象，分析企业出口过程中遭遇的知识产权贸易壁垒现状。

第四章 智能家电企业遭遇海外知识产权贸易壁垒现状

第一节 美国"337调查"

广东省作为外贸大省，对外贸易依存度超过六成。随着广东省制造质量效益的不断提升和企业"走出去"步伐的加快，越来越多国际巨头将广东省企业作为竞争对手，并利用美国"337调查"作为竞争手段予以打击。本节根据美国国际贸易委员会官网数据和2010—2021年广东省企业涉"337调查"数据，以智能家电产业为分析对象，总结近年来智能家电产业遭遇美国"337调查"的主要特点。

一、智能家电产业涉案量较高

如图4-1所示，2010—2021年，广东省智能家电产业遭遇美国"337调查"案件24起，占广东省涉"337调查"案件总量的21.24%。从年度变化趋势看，除2010年和2016年外，其余年份均有智能家电企业涉美国"337调查"，2020年涉案量达5起，占当年广东省涉"337调查"案件量的41.67%。

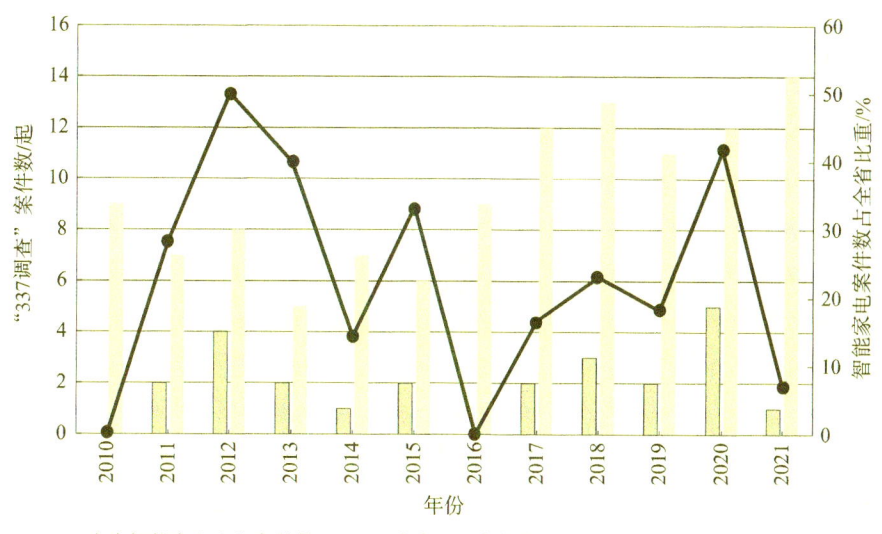

图4-1 2010—2021年广东省智能家电企业涉美国"337调查"案件数占广东省案件数比重

二、涉案产品以家用电力器具制造、非专业视听设备制造等细分行业为主

如表4-1所示，从出口产品类型看，广东省智能家电产业遭遇美国"337调查"的涉案产品主要包括液晶显示器、部分电子成像设备、无线消费电子设备及其组件、数字电视机顶盒及遥控设备、扫地机器人及其组件、LED照明设备及其组件、净水器及其组件等。细分行业主要集中在家用电力器具制造（41.67%）、非专业视听设备制造（29.17%）、照明器具制造（20.83%）和智能消费设备制造（8.33%）四大领域。

表4-1 2010—2021年广东省智能家电产业涉"337调查"案件细分行业分布情况

排名	行业领域	案件量/起	涉案产品	细分领域涉案数占智能家电产业的比重/%
1	家用电力器具制造	10	扫地机器人及其组件、净水器及其组件、电子皮肤护理设备、电动剃须刀及其组件、触控屏、带有可伸缩USB连接器的电子设备、3G或/和4G无线设备及其同类组件、特定电连接器和保持架及其组件和下游产品	41.67
2	非专业视听设备制造	7	液晶显示器、部分电子成像设备、数字电视机顶盒及遥控设备、数字视频播放设备及其组件和下游产品	29.17
3	照明器具制造	5	可调光紧凑型荧光灯及含有该产品的相关产品、LED照明设备及其组件、模块化LED显示面板及其组件、电子蜡烛产品及其组件	20.83
4	智能消费设备制造	2	无线消费电子设备及其组件、带有显示和数据处理功能的消费电子产品及其同类产品	8.33
	合计	24	—	100

三、涉案专利的申请人主要来源于美国、欧洲和日本

广东省智能家电产业遭遇美国"337调查"的案由均为专利侵权。从申请人国别看,绝大部分案件由美国申请人发起。其中,单独由美国发起的调查21起,占广东省智能家电产业涉案量的87.50%,由美国和欧洲国家联合发起的调查2起,占8.33%,单独由日本发起的调查1起,占4.17%。除了夏普、飞利浦和瑞士库德尔斯基集团(Kudelski Group),其余均为美国智能家电领域知名企业和非专利实施主体。可见,运用"337调查"争夺国际市场份额的竞争对手主要来自美国、欧洲和日本的智能家电企业和非专利实施主体。

四、申请人中非专利实施主体占比较高

2010—2021年,共有38家企业向广东省智能家电企业发起"337调查",其中14家企业为非专利实施主体(Non-Practicing Entities,NPE),占比36.84%,如图4-2所示,由非专利实施主体发起的"337调查"案件主要集中在2011—2014年和2019年,且2012年案件数高达3起,创下十年来的峰值。

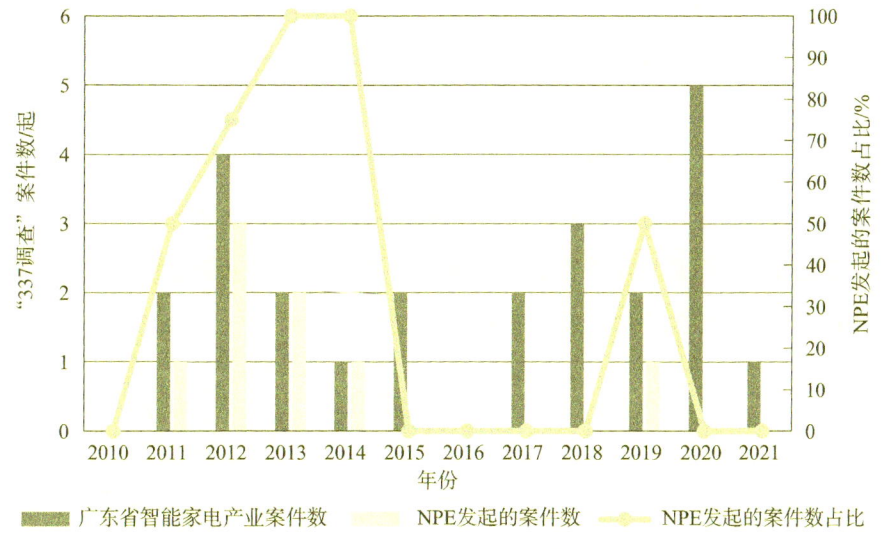

图4-2 非专利实施主体发起的案件数占比

非专利实施主体不生产产品，而是以专利运营为主要收入来源。以美国 InterDigital 公司❶为例。美国 InterDigital 公司是较为活跃的非专利实施主体之一，其提起的智能家电领域"337调查"案件共2起，涉案专利15件。该公司还利用上述15件涉案专利在美国地方法院发起57起诉讼，高达77.19%的诉讼以和解结束，22.81%的诉讼结果为胜诉。❷可见，发起"337调查"和司法诉讼是包括美国 InterDigital 公司在内的非专利实施主体专利运营的一种策略，其目的在于利用知识产权行政和司法保护武器，迫使被申请人"破财消灾"达成和解协议，从而获得较为可观的经济收益。

与非专利实施主体不同，智能家电企业是生产和销售产品的经济实体，专利运营并非其主要业务，而是用于争夺市场份额、保障产品顺利产出销售的手段。从广东省智能家电企业涉"337调查"案件来看，美国智能家电企业的诉讼目的，除了维护自身的专利权，更多是利用诉讼压力迫使广东省企业与其和解，和解方式包括但不限于签订专利许可合同收取许可费用、通过专利交叉许可与广东省企业合作等。除此之外，更有一些美国企业纯粹为了迫使广东省企业同意专利许可而滥用诉权。以美国 Ultravision 公司提起的"337–TA–1114"案件为例，该公司利用无效专利"碰瓷"多家广东智能家电企业，在"337调查"以申请人撤诉且所有专利无效的裁决结果结案之后，仍继续在美国地区法院对多家广东省智能家电企业提起司法诉讼，以期用"死缠烂打"的方式迫使广东省智能家电企业与其达成专利许可意向，从而获取广东省智能家电企业的核心专利。无论是以上何种手段，最终都将提高广东省企业应诉成本，阻碍广东省企业拓展美国市场。相反，非专利实施主体发起诉讼的目的不在于限制实施者拓展市场，而是利用手中的专利获取经济利益。实施者越是在全球市场做大做强，非专利实施主体获得的专利许可受益就越多。

---

❶ 该公司在中国没有分支机构，为避免公司名翻译引起不必要的误解，保留英文名称。下同。

❷ Lexmachina. 美国地方法院专利诉讼信息［EB/OL］.［2021–12–31］.https://law.lexmachina.com/.

五、企业应诉率较高

2010—2021 年,广东省智能家电产业涉美国"337 调查"案件共 24 起,截至 2022 年 6 月 30 日,已结案 23 起,未结案 1 起(337-TA-1241)。从企业应诉情况看,大部分广东省智能家电企业积极应对美国"337 调查",应诉率高达 80.00%。从图 4-3 所示案件应诉结果看,裁决结果为"申请人撤诉"的案件占广东省智能家电企业涉"337 调查"案件量的五成,裁决结果为"和解"或"同意令"的案件占三成,裁决结果为"不侵权"占两成,没有应诉企业被颁布"有限排除令"和"禁止令"。

对于不应诉企业,美国国际贸易委员会可假定申诉状中的所有指控都是真实的,并裁定该企业已经丧失对申诉状质疑的权利,进而做出"缺席裁决"。如图 4-4 所示,在智能家电产业的不应诉企业中,69.23% 的企业被颁布普遍排除令、禁止令或有限排除令,23.08% 的企业因同一案件的应诉企业积极应对使申请人撤诉而获益,7.69% 的企业因未发现侵权行为而被美国国际贸易委员会裁决申请人撤诉。

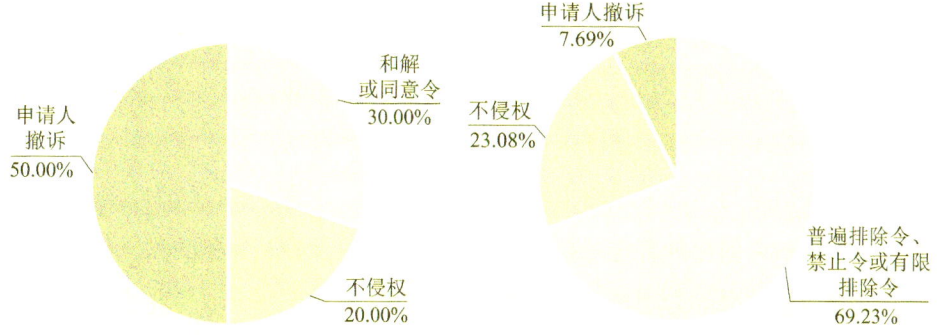

图 4-3 2010—2021 年广东省智能家电企业"337 调查"案件应诉结果

图 4-4 2010—2021 年广东省智能家电产业"337 调查"案件不应诉企业裁决结果

总体看,智能家电产业涉"337 调查"案件量相对稳定,维持在年均 2 件的数量,并未随着广东省涉"337 调查"案件量的增长而增加;调查案由均为专利侵权,专利权纠纷是广东省智能家电企业出口美国遇到的主要知识产权贸易壁垒形式。从企业积极应对"337调查"结果看，没有企业被颁布有限排除令和禁止令，应诉企业获得了申请人撤诉、和解或同意令、不侵权等有利结果。这意味着部分外国企业发起"337调查"或知识产权诉讼的目的不仅限于保护自身的知识产权。"337调查"及其相关诉讼的真正杀伤力在于通过知识产权调查和诉讼的程序优势，迫使竞争对手放弃美国市场而退出竞争或被动达成不利的和解协议，从而削弱进口产品的竞争优势，达到保护本土市场和本国贸易的效果。

第二节　专利权滥用

伴随着国际竞争格局及竞争要素的变化，技术要素在经济全球化中的重要性日渐突出，以专利为代表的知识产权更是上升到前所未有的高度，欧盟"恢复和复原力的知识产权行动计划"、美国专利商标局与法国国家工业产权局（French National Institute of Industrial Property，INPI）的专利审查高速路（Patent Prosecution Highway，PPH）试点计划均反映了当下保护技术创新与专利在全球及国家战略中的重要地位。世界知识产权组织（World Intellectual Property Organization，WIPO）数据显示，2021年，全球专利合作条约（Patent Cooperation Treaty，PCT）国际专利申请总量创历史新高，达27.75万件，中国、美国、日本、韩国、德国申请量位居前五。❶可见，专利领域的竞争在各国知识产权战略乃至国家战略上发挥着重要作用。尽管专利权应为合法且有效的有限垄断权，但伴随着全球技术竞争、创新竞争及专利竞争的深入，恶意诉讼、设置贸易壁垒等专利权滥用已成为企业争夺市场份额、取得商业利益的重要手段。

---

❶ WIPO.世界知识产权报告［EB/OL］.［2022-05-30］.https://www.wipo.int/edocs/pubdocs/en/wipo-pub-901-2022-en-patent-cooperation-treaty-yearly-review-2022.pdf.

一、非专利实施主体发起的诉讼

非专利实施主体，产生于20世纪90年代的美国，泛指拥有大量专利但不从事实体生产销售等经营活动的市场主体。非专利实施主体执行专利的方式多样，既有合作、专利交易，也有发起专利侵权诉讼。无论何种方式，非专利实施主体均是在现有法律框架下行使其专利权的合法行为，但不能否认其过度利用司法保护造成专利权滥用的问题。

非专利实施主体出于自身利益的考量，在相关领域进行专利布局，乃至不断细化相关技术领域专利，以提高专利及其专利诉讼的针对性。近年来，非专利实施主体诉讼数量持续上涨，2021年美国联邦地区法院共受理专利诉讼案件3517起。其中，非专利实施主体诉讼2338起，占专利诉讼案件总量的66.48%，同比增长9.80%❶，继2016年以来再次创下新高。根据2010—2021年广东省企业涉美国专利诉讼统计数据，前9家高频原告均为非专利实施主体，其诉讼案件量占十余年来专利诉讼案件总量近20.00%。非专利实施主体发起的诉讼具有以下特点：一是涉案专利技术领域集中且数量不多。如Caselas公司自2020年成立以来仅以1项专利在美国地区法院提起40余起专利诉讼，著名NPE公司Cedar Lane公司更是如此，自2019年成立以来，通过38项简单同族专利累计在美国地方法院提起的专利诉讼近250起。❷ 二是被告相对集中。非专利实施主体被告多为高新技术企业，其中不乏智能家电企业，甚至某些非专利实施主体全年起诉对象均为一家企业，出现"追打"的情况。 三是诉讼目的性极强。由于国外尤其是美国知识产权保护力度大，一旦侵权事实成立，代价巨大。因此，相较于其他类型的诉讼，非专利实施主体专利诉讼"伤害性"极强，其起诉对象往往是研发、技术型企业，其目的主要是获取高额许可费或和解金以赚取利润，如数家广东省企业曾遭受

---

❶ RPX.NPE Patent Litigation Up by 10% in 2021［EB/OL］.（2022-01-12）［2022-05-30］. https://www.rpxcorp.com/data-byte/npe-patent-litigation-up-by-10-in-2021/.

❷ Lex machina. 美国地方法院专利诉讼信息［EB/OL］.［2021-12-31］.https://law.lexmachina.com/.

Pan Optis 公司及其关联子公司等非专利实施主体提起的诉讼，仅 2018 年的一起诉讼和解金就高达 1400 万美元。抛开对企业经济实力即生产经营的影响，非专利实施主体更是影响整个智能家电产业及市场秩序，智能家电产业作为其恶意诉讼活跃领域之一，基于非专利实施主体广泛购买专利并利用手中专利频繁提起诉讼等行为，严重违背了保护专利以促进创新与技术共享的初衷，给包括智能家电产业在内的企业专利的实施带来较大的负担，影响企业正常的创新投入与专利技术保护。

尽管专利诉讼是包括非专利实施主体在内的专利主体维护自身权利的合法行为，但非专利实施主体更多的是将诉讼作为获取利益的手段，其根本目的就是向被告企业施加压力来牟取高额许可费用，同时借助诉讼程序与自身经验，以及因其本身并非实体公司被告企业无法进行有效反诉、交叉许可等措施的阻碍获得诉讼优势。对智能家电行业而言，一旦遭受非专利实施主体的专利诉讼则需要耗费较大的时间与资金来应对，在降低被告企业的盈利水平、破坏企业在当地市场形象的同时，也会严重削弱其在当地市场推广及全球竞争力。

二、以诉讼为手段助推商业谈判

随着中国越来越多的企业"走出去"参与国际市场竞争，各国同业竞争者在国际市场上的较量层出不穷，国外巨头企业更是凭借自身强大的专利储备优势、丰富的国际诉讼经验和雄厚的资金实力，将专利诉讼作为打击竞争对手的利器。更有甚者，充分考虑并利用美国专利侵权诉讼索赔时效及各个地区法院赔偿金的高低等要素，以诉讼为手段逼迫竞争对手重回谈判桌、最大限度地实现自身利益最大化。

从 2019—2021 年美国联邦地方法院专利诉讼案件结果来看，75.00% 的案件以和解结案[1]，而 2010—2021 年广东省智能家电企业涉美国专利诉讼案件中，

---

[1] Lex machina.Lexmachina Patent Litigation Report 2022［EB/OL］.（2022-05-19）[2022-06-20］.2022.https://lexmachina.com/media/press/lex-machina-releases-2022-patent-litigation-report/.

近 70.00% 的案件也是以和解方式结案，其中，原告自愿和解的比例占和解案件的 35.00%。❶ 尽管在和解的案例中双方的选择均有避免较长时间的诉讼拉锯及高额的诉讼费用的因素存在，但在原告主动和解方面还存在规避因长时间诉讼出现可能的逆转情况、通过和解令被告撤回专利无效申请、已达到破坏被告企业在当地企业形象等因素。双方达成和解选择庭外解决，除了避免诉讼费用，原告可以通过获取高额专利许可费、双方交互许可、限制被告产品销售范围等要求为自身谋取更大利益。由此可以看出，专利诉讼并非以维护自身专利权为唯一目标，更多的是通过这一手段达到双方谈判的目的。

此外，在 2019—2021 年美国地方法院专利诉讼已结案件中发现，裁决结果为"没有侵权""专利无效"的案件数量远高于"侵权"案件量，超出量达到 19.00%。❷ 从广东省智能家电涉案企业案件来看，同样存在原告利用"无效专利"进行起诉的现象。这再次印证了国外企业借专利权维护之名，行敲诈勒索之实，利用专利诉讼程序中审理周期长、诉讼成本高乃至市场舆论等方式逼迫竞争对手或退出竞争市场或同意和解给予高额费用。

这类诉讼对不同类型的企业均会造成较大的影响，对头部企业而言，在因应诉增加经营成本的同时，受美国陪审团制度的影响，一旦涉诉将严重影响企业在当地的社会声誉，不管侵权与否均会给当地公众留下不良形象，进而影响企业产品的市场销售；而对中小型企业而言，一旦涉诉需要投入资金应诉或支付赔偿金更是严重削弱了企业的抗风险能力。广东省乃至全国智能家电企业，除了头部企业，多数为中小型创新企业，很难承受高诉讼成本、难举证、隐形赔偿、败诉风险等负担。因此，不管是诉讼还是以诉讼促进商业谈判，都会对企业造成较大的损失而影响企业的生存。

---

❶ Lex machina. 美国地方法院专利诉讼信息［EB/OL］.［2021-12-31］.https://law.lexmachina.com/.

❷ Lex machina.Lexmachina Patent Litigation Report 2022［EB/OL］.（2022-05-19）［2022-06-20］.2022.https://lexmachina.com/media/press/lex-machina-releases-2022-patent-litigation-report/.

三、借诉讼程序为自身权益博弈

根据《美国法典》(United States Code)关于诉讼地的规定，容许原告将专利侵权案件在任何对被告具有属人管辖权的法院提起，这也使原告提起专利侵权诉讼有着广泛的选择，并拥有将诉讼地选择在对专利权人友好的法院的可能。因此，在美国专利诉讼中原告也会利用这类规定滥用专利权提起相关诉讼。

一是博弈被告不应诉，借此致使被告与法官忽略诉讼申请中管辖地是否合规的问题。在2019—2021年美国地方法院专利诉讼已结案件的原告胜诉共674起，其中164起是以"被告缺席"判决，占比24.30%①，而在广东省涉诉案件同样存在这一情况。若原告在对被告不具有属人管辖权的地区法院提起申请，被告企业放弃应诉，则不能及时发现案件审理法院对自身不具有属人管辖权而被判处"原告胜诉，被告缺席"的结果，使原告企业轻松获胜，但一旦被告企业选择应诉，则会发现这一不合规之处并及时提出异议，为自身博得机会。从广东省智能家电企业涉案情况来看，广东省涉案企业在应诉过程中不乏发现地区法院不具有管辖权并积极反诉取得有利局面，如2018年佳能诉TCL案正是如此。二是利用程序性转移博取诉讼优势。在专利诉讼中"程序性决议"存在"驳回、合并、转移、分案"等多种类型，通过"程序性决议"将案件转移至对原告有利的地区法院进行诉讼也成为恶意诉讼的常见手段，借法院倾向专利权人博得诉讼优势，以达到获利等目的。总之，对专利诉讼程序性的了解及策略的选择成为筑造知识产权壁垒、针对竞争对手的重要手段，并具有较强的隐蔽性。

总体来说，相较于其他类型的恶意诉讼，智能家电企业在国际市场遭遇的专利涉诉量更高，且以商业竞争及牟取利益为主要目的，存在滥用专利权和利用程序性决议等知识产权贸易壁垒形式。同时值得注意的是，各国专利侵

---

① Lex machina.Lexmachina Patent Litigation Report 2022［EB/OL］.（2022-05-19）［2022-06-20］.2022.https://lexmachina.com/media/press/lex-machina-releases-2022-patent-litigation-report/.

权诉讼追溯年限及各州立法中赔偿金标准的差异,也成为原告对被告企业施加诉讼压力的重要因子。尽管专利诉讼均符合法律框架下的专利权维护,但更多的是借维权之名,行竞争之实。随着全球专利保护的推进及专利竞争布局的加速,尤其是欧美等发达经济体,鉴于专利权保护制度与经验、经济实力带来的技术创新优势、主导国际专利制度与规则、鼓励完善专利布局的措施等为本国企业赢得全球知识产权竞争的优势,在2021年世界知识产权组织数据报告中,2020年全球专利申请总量中的85.10%来自排名前五位的主管当局[1],除中国外其他四个均为发达经济体。丰富的专利诉讼经验及发达国家对知识产权的保护力度促使多数企业善于利用专利诉讼维护自身权益。在2019—2021年美国地方法院专利诉讼已结案件中,前10名的活跃原告也同样来自欧美等发达经济体[2],专利诉讼成为多数企业维护自身权利、打击竞争对手的有力手段。而智能家电涉及的更多是当前通信技术、人工智能等高新、风口专利,相关企业更须提前布局,重点关注专利诉讼中的知识产权贸易壁垒。

第三节 技术标准型贸易壁垒

标准是世界通用语言,随着贸易全球化进程的推进,各国逐渐意识到标准的重要性,并加大了标准研制力度,希望能够通过标准的发布,抢占市场话语权。为此,美国、欧盟、韩国分别于2021年1月、2022年2月和2021年6月修订其标准化战略。美国、欧盟、韩国新版标准化战略体现了其利用标准参与全球变革的意图,并对于加强国际合作,争夺国际标准话语权做了进一步的规划。

在智能家电标准方面,欧美发达经济体积极开展研究。如欧盟电气技术标

---

[1] WIPO.WIPO IP Facts and Figures 2021［EB/OL］.［2022-06-20］.https://www.wipo.int/edocs/pubdocs/zh/wipo-pub-943-2021-zh-wipo-ip-facts-and-figures-2021.pdf.

[2] Lex machina.Lexmachina Patent Litigation Report 2022［EB/OL］.（2022-05-19）［2022-06-20］.https://lexmachina.com/media/press/lex-machina-releases-2022-patent-litigation-report/.

准化委员会（European Committee for Electrotechnical Standardization，CENELEC）已成立了相关的标准技术组织——CLC/TC59X/WG07 智能家居；美国家用电器制造商（Association of Home Appliance Manufacturers，AHAM）也在开展智能家电与智能电网互动的标准研究；在国际电工委员会（International Electrotechnical Commission，IEC）的家用电器技术委员会支持下，欧洲牵头成立了家用电器与智能电网的互联工作组，针对家用电器对智能电网响应的标准化进行研究。同时，领先的技术标准也会直接提出国际标准提案，走国际标准研制路径。在此过程中，技术与标准相融合的技术标准型壁垒应运而生，最直接的表现形式为标准必要专利。

一、智能家电产业标准必要专利壁垒涉及的技术领域及影响

截至 2020 年 6 月，全球智能家电领域标准必要专利主要集中在基于有线的家居网络、信息设备相互接入、动态传递和传送用链条及链条锯齿、音频和视频、多媒体系统和设备等方面。❶ 智能家电内部植入芯片控制系统，消费者通过人机交互系统控制智能家电，而两者之间的通信是通过 Wi-Fi、蓝牙、紫蜂❷、红外等无线通信网络系统来完成的。

以家电智能化过程中应用较为广泛的 Wi-Fi 技术为例，当前智能家电依托物联网技术尚较新，整体仍然处于发展的早期阶段，目前 Wi-Fi 全球标准必要专利的数量仅有 4000 余个❸，且 Wi-Fi 的标准必要专利的专利权人对于智能家电及其相关产业的许可活动也相对较少。据实地调研，2018 年以后才逐渐有 Wi-Fi 领域标准必要专利的专利权人开始和家电厂商进行标准必要专利许可方

---

❶ 韩国特许厅，中国国家知识产权局国际合作司（组织翻译）．韩国标准必要专利指南 2.0 [EB/OL]．(2021-10-9)[2022-05-22]．http://www.acpaa.cn/upload/file/202205/ba7e1103-bc13-427e-ab61-67134adfd810.pdf.

❷ 英文名为 ZigBee，是基于 IEEE802.15.4 标准的低功耗局域网协议。根据国际标准规定，ZigBee 技术是一种短距离、低功耗的无线通信技术。

❸ 北京知识产权司法保护研究会．智能家电及 IOT 行业 Wi-Fi 标准必要专利许可模式研究报告 [R]．北京知识产权司法保护研究会，2021．

面的接触。智能家电企业针对 Wi-Fi 标准必要专利和专利权人达成许可协议的报道也极为少见。但是，在智能家电全球市场不断扩容的背景下，Wi-Fi 标准必要专利许可问题正在向家电领域"逼近"，家电企业应及早跟踪和关注标准必要专利许可在智能家电及相关领域的推进情况及潜在影响。Wi-Fi 标准必要专利许可对智能家电行业的潜在影响主要有两个方面。

一是可能导致单件产品的成本增加。虽然 Wi-Fi 芯片的成本在不断降低，目前一些低端模组的批量采购价已经低于 10 元，但是 Wi-Fi 技术的引入对家电物料成本带来的影响不止在芯片的价格成本上，未来还可能包括标准必要专利许可费用的潜在成本。据测算，这个潜在问题可能会导致单个智能家电产品成本增加 10 元。伴随家电智能化程度的提升，无论对于企业还是行业来说，当标准必要专利许可费用与智能家电全年销量相乘时，其可能带来的影响不言而喻。

二是可能导致潜在许可谈判和诉讼风险加大。当前智能家电领域无线通信标准必要专利许可费率及许可模式尚不明确，家电行业对潜在的标准必要专利许可谈判及诉讼风险的认识不足。再加上家电制造商缺乏专业能力与标准必要专利权人展开相互对等的谈判，这一系列因素加剧了智能家电行业厂商将来可能面临的谈判及诉讼风险。

综上所述，虽然目前智能家电领域标准必要专利壁垒效应尚未凸显，但在智能家电全球市场不断扩容的发展趋势下，实现家电"智能"涉及的芯片、传感器、控制器等核心器件和 Wi-Fi、蓝牙、紫蜂、红外等无线通信技术，电力载波、以太网等有线通信技术及语音交互技术等，是当今乃至未来很长一段时间全球各国技术研发与标准、专利研制的主攻方向之一，希望中国家电企业、智能技术相关企业在开展相关研发时，更加关注标准与专利之间的联系，产出更多在市场准入中更具有约束力和竞争力的标准必要专利，同时也应密切关注和跟踪欧美发达经济体相关标准必要专利的产出情况，便于及早采取相应措施，规避壁垒风险。

二、当前标准必要专利许可模式

随着物联网的广泛应用,近些年智能家电行业规模逐渐加大。而"智能"概念进入家电行业,以 Wi-Fi 为主的家用领域无线通信技术的标准必要专利的许可问题也逐步显现。智能家电与目前标准必要专利许可模式相对成熟的智能手机领域相比,还存在一定的差距。例如,对一台洗衣机而言,能够与其他设备或者云端相连接并实现远程控制确实给消费者提供了一些附加价值,但衣服最终还是不可避免地要手动放到洗衣机里,所以远程控制给洗衣机带来的价值在目前这个阶段还无法取代洗衣机本身的价值。但对于一台智能手机而言,如果没有 4G/5G 的蜂窝通信功能,手机很可能将失去其根本价值。从这个角度出发,针对智能家电产业的标准必要专利许可应该采用哪种许可模式是一个值得行业去探讨的问题。

(一)模式一:手机终端——基于整机价格单位的专利许可

在蜂窝通信行业,即 3G/4G/5G 领域,标准必要专利专利权人直接向移动终端制造商展开的专利许可已经有近 20 年历史。虽然蜂窝通信芯片的生产商并不多,但由于种种原因,拥有雄厚技术及大量通信标准必要专利的专利权人,没有直接向供应链最上游的蜂窝芯片制造商许可其技术,而是选择向终端制造商或代工厂进行标准必要专利许可并以整机净售价格为许可费基础收费。虽然这一模式在过去一直被手机终端制造商所诟病,但经过 10 多年的大规模专利诉讼以后,这一模式已经成为手机产业的一个组成部分,为大多数智能手机终端制造商所接受。

以高通为例,高通是全球唯一的能提供完整 2G/3G/4G/5G 多模手机芯片解决方案的企业,拥有众多核心专利。2020 年高通营业收入达 235 亿美元,其营业收入中,CDMA 无线产品占比 60.00%,技术许可占比 19.00%。❶ 对于 5G 专利使用,高通公司的收费如下:单模 5G 手机的专利使用费率为 2.30%;多

---

❶ Qualcomm.Qualcomm Overview[EB/OL].[2022-06-20].https://investor.qualcomm.com/about-qualcomm/overview.

模（3G/4G/5G）手机专利使用费率3.30%。❶在国内基本以多模为基础手机，单台手机每千元即缴纳32.5元。2017年，以华为、OPPO、vivo、小米为代表的国内4G手机出货量4.62亿部，按均价2000元估算，国产厂商每年可能要缴纳给高通专利费高达300亿元。❷

高通在手机产业的许可模式已经持续了20多年。❸无论从签约数量还是收取的许可费数量，都足以说明其在手机产业的许可模式运作极为成功。当前这一模式也被其他标准必要专利专利权人所广泛采用。

截至2021年8月底，中国5G终端连接数已经超过4亿个，占全球数量的80.00%以上；❹5G手机出货量快速增长，达到1.68亿部，占同期手机出货量的74.00%。随着中国5G基础设施建设全面铺开以及5G商用进程的不断加快，产业规模日益扩大，5G标准必要专利的专利权人也纷纷公开其标准必要专利许可费标准，加快标准必要专利的商业化进程。截至2021年5月，专利权人向欧洲电信标准化协会（European Telecommunications Standards Institute，ETSI）披露的5G标准必要专利数量共50 137件。❺❻目前，部分专利权人已公开各自的5G标准必要专利许可费率，见表4-2。

---

❶ Qualcomm.Qualcomm 5G NR Royalty Terms Statement［EB/OL］.［2022-06-20］.https://www.qualcomm.com/media/documents/files/qualcomm-5g-nr-royalty-terms-statement.pdf.

❷ 搜狐.高通凭5G网这一项专利就让华为、OPPO、VIVO、小米乖乖交钱了!［EB/OL］.（2018-06-12）［2022-06-20］.https://www.sohu.com/a/235324342_545101.

❸ 高通在1997年与Motorola签署了CDMA专利许可协议。

❹ 新华社.我国5G终端连接数占全球比例超过80%［EB/OL］.（2021-05-26）［2022-09-13］.http://www.xinhuanet.com/fortune/2021/05/26/c_1127494992.htm.

❺ 此数据未合并同族。

❻ 中国信息通信研究院IMT-2020（5G）推进组."5G+"产业标准必要专利发展最新态势（2021年）［EB/OL］.（2021-12-29）［2022-06-20］.https://pdf.dfcfw.com/pdf/H3_AP202112291537269198_1.pdf？1640768925000.pdf.

表 4-2　5G 许可费率[1]

公司	公布时间	手机终端	
		SEP（标准必要专利）	ALL（所有专利）
爱立信	2017 年 3 月	高端：5 美元/部 低端：2.5 美元/部	—
高通	2017 年 11 月	单模：2.3% 多模：3.3%	单模：4% 多模：5%
诺基亚	2018 年 8 月	不超过 3 欧元/部	—
InterDigital 公司	2020 年 1 月	不超过 0.6%（0.36～1.2 美元）	—
华为	2021 年 3 月	不超过 2.5 美元/部	—

虽然针对终端企业收取许可费的做法在业界引发了很多争论，甚至诉讼，但这一模式已经运行多年，而且手机产业在过去 20 年中确实也经历了一个蓬勃发展的时期。

（二）模式二：汽车——专利池许可

随着智能网联汽车领域迅猛发展，针对智能网联汽车领域的专利池不断涌现。除无线专利授权平台 Avanci 公司[2]于 2020 年 7 月 29 日公布其 5G 智能网联汽车标准必要专利许可计划外，Via 公司[3]和大学技术许可计划项目（University Technology Licensing Program，UTLP）[4]专利池也分别公布其许可项目，计划针对智能网联汽车展开专利许可工作。

---

[1] 中国信息通信研究院 IMT-2020（5G）推进组．"5G+" 产业标准必要专利发展最新态势（2021 年）［EB/OL］．（2021-12-29）［2022-06-20］．https://pdf.dfcfw.com/pdf/H3_AP202112291537269198_1.pdf? 1640768925000.pdf.

[2] Avanci 成立于 2016 年，总部位于美国得克萨斯州达拉斯市，是由爱立信、高通、中兴通讯等五大 IT 巨头联手推出的，专为汽车和物联网制造商提供一站式解决方案的无线专利授权平台。

[3] 杜比旗下专利运营公司。

[4] 由哈佛大学、普林斯顿大学、哥伦比亚大学等美国 15 所顶尖大学成立专利池"大学技术许可项目（UTLP）"，目前主要聚焦于自动驾驶汽车（如光学器件、传感器软件和硬件、网络安全），连接性或物联网（如毫米波通信、电源管理、信号处理、外置跟踪），大数据（如大规模数据存储、传输技术分析）等智能网联汽车领域的专利许可。许可费会根据专利评估、市场反馈、可比许可协议等因素进行综合评定，并针对中小企业给予一定的优惠。

在 Avanci 公司公布的 5G 智能网联汽车标准必要专利许可计划中，并未公布其 5G 智能网联汽车许可费用。但从美国司法部公布的对其许可计划商业审查函显示，Avanci 公司内部利益分配规则会考虑既往的许可协议和成员的诉讼积极性。截至 2021 年 12 月 23 日，Avanci 公司专利池共有成员 47 家，针对 4G 的智能网联汽车的收费标准：收取整车厂商 15 美元许可费，该许可费数额不因专利权人增加而提高，大众、宝马和沃尔沃集团等已缴纳相应的许可费。Avanci 的利益分配机制综合考量经评估的标准必要专利数量、连续 3 年既往许可收入、标准贡献、诉讼行权积极性等因素。❶

Via 公司对"4G-MG 联网汽车计划"❷的许可模式、收费额度进行了详细阐释。第一，许可对象不限定于整车企业，有接受许可意愿的整车企业及其供应商都可以获得许可。第二，费率采用浮动模式，如表 4-3 所示，许可费用随着专利实施者销售量的递增而递减。但 Via 公司和 Avanci 公司存在重复收费问题，如二者专利权人存在重叠：Via 公布的九位专利权人中，除了联想、杜比实验室和埃尔法公司（ALFEED）3 位，其余 6 位❸同时也是 Avanci 公司专利池的成员。

表 4-3 Via 公司许可费

销售量 / 件	许可费用
1 ~ 2 500 000	3 美元
2 500 001 ~ 10 000 000	2.75 美元
10 000 001 以上	2.25 美元
eCall	0.3 美元

大学技术许可计划项目（UTLP）支持标准必要专利和非标准必要专利联合许可。一是要求成员（除非为非商业性研究目的或对替代性专利进行许可的

---

❶ 美国司法部.Response to the Avanci LLC's Request for a Business Review Letter［EB/OL］.（2020-07-28）［2022-06-20］.https://www.justice.gov/atr/page/file/1298626/download.

❷ Via Licensing.4G Multi-Generational Connected Motor Vehicles & Components［EB/OL］.［2022-06-20］.https://www.via-corp.com/licensing/mg-multi-generational-wireless/connected-motor-vehicles/

❸ 其余 6 位为德国电信、Hewlett Packard、Innovative Sonic、SK、Ariscale、意大利电信。

情况下）必须向专利池提供排他许可，但成员保留自行研发以使用该专利和向其他科研机构进行专利许可以进行研发的权利。二是允许潜在被许可人在专利清单中选择其觉得有用的专利包进行许可，且会根据专利数量给予相应的折扣。三是允许成员进行专利诉讼，但仅限于必要的专利诉讼；而且成员在诉讼中需遵循诚实信用原则。成员也可以在网站中的专利清单中选择标记其涉诉专利为"诉讼专利"。

三、智能家电产业标准必要专利许可模式

（一）行业特点

当前智能家电领域的应用生态还处在初期阶段，大多数智能家电的应用场景主要围绕着家电的远程控制展开，但家电的基本属性并没有因此发生根本性改变，万物互联的优势暂时没有直接给消费者带来更直观、更深刻的体验。

类似于蜂窝通信技术 3G/4G/5G 的迭代，Wi-Fi 技术也一直不断地在迭代和演进。当前最新的 Wi-Fi 6，采用了 OFDMA、MIMO 等技术，能达到理论峰值速率 9.6Gbps❶，但智能家电产品并没有因为连接技术的迭代而产生新的应用场景。也就是说，无线模组给智能家电带来的价值更多的是无线通信这一功能本身的价值，而不是智能家电产品的最终价值。从这一角度来说，在智能家电产品中，无线模组中所使用的 Wi-Fi 专利技术的价值也并没有超越无线模组本身的价值。

（二）采用终端厂商标准必要专利许可模式存在诸多问题

Wi-Fi 标准必要专利在智能家电产品类的许可，最近几年刚刚兴起，目前还未形成一个被智能家电行业认可的许可模式。如参照智能手机找终端厂商做许可，存在以下问题。

从专利权人的角度，智能家电企业数量众多，这一模式需要对接更多的

 北京知识产权司法保护研究会. 智能家电及 IOT 行业 Wi-Fi 标准必要专利许可模式研究报告[R]. 北京知识产权司法保护研究会，2021

被许可人，签约的成本更高。而且智能家电品类繁多，各企业间的终端产品差异巨大，Wi-Fi模组给产品带来的贡献度也不完全一致，许可费率的计算难度较大。

从智能家电终端厂商的角度来说，很多厂商都是从传统家电业发展起来的，绝大多数家电厂商都是直接从供应商采购Wi-Fi模组。这些厂商对标准必要专利许可本身以及Wi-Fi标准的技术细节均不了解。面对专利权人提供的侵权对照表，它们不仅缺乏技术实力做出客观的分析，也缺乏谈判的能力。然而，标准必要专利许可谈判通常分为两个步骤，先进行技术谈判（专利权人提供专利的对应性和稳定性分析），再基于技术谈判所确定的专利权人所提供专利包的整体质量，进行商务谈判（即许可费率谈判）。而且，技术澄清不仅关乎许可谈判中的费率协商，澄清过程中所反映出的被许可人专利分析能力同时也是其应诉能力的体现，因此同样关乎专利权人的起诉意愿。由此可见，技术谈判在许可谈判中尤为重要。智能家电终端厂商由于内部技术支持团队的缺失，不仅因需要引入外部分析团队而增加交易成本，还因缺乏对专利权人专利许可包的精确分析能力而被专利权人加以利用，攫取过高的许可费。同时，由于Wi-Fi标准必要专利的具体数量并没有一个被广泛认可的统计，即便是和一家或者几家Wi-Fi标准必要专利专利权人签了许可协议，企业的风险依然存在。这更加剧了家电厂商所面对的不确定性，也降低了终端企业签署许可协议的意愿。

（三）采用智能零部件厂商标准必要专利许可模式探讨

从智能家电的生态圈来看，无线芯片和模组对家电企业的产品至关重要。基于历史原因，芯片或者模组厂商在整个许可生态中的参与度一直很低。但是，针对智能家电领域，Wi-Fi标准必要专利专利权人找芯片或者模组厂商做许可是一种更加简单高效且公平合理的模式。

首先，芯片厂商数量远远少于家电终端厂商，这有利于降低专利权人的对接成本。其次，一旦芯片厂商获得许可，整个智能家电行业都将获得技术准入，这大幅度降低了智能家电产业的行业准入成本。而且行业内大家针对Wi-Fi技术的成本一致，有助于企业间在品质和其他功能上竞争。再次，与智能家电终端厂商不同的是，Wi-Fi芯片或者模组提供商通常都具备技术研发团队和相应专利法务，可以更为有效地支持技术谈判，从而为后续商务谈判确定更为合理的费率。最后，通常芯片或者模组厂商也是Wi-Fi标准制定者，具备一定数量的Wi-Fi标准必要专利，可以通过与许可人之间进行交叉许可来降低被许可人的费率，并同时降低许可人相关产品的费率，从而使芯片或者模组产品和智能家电整机产品成本均有所下降。因此，在智能家电产业，Wi-Fi标准必要专利专利权人找芯片或者模组厂商做许可，是一个平衡了专利权人以及实施人的利益的模式，给智能家电终端产业可持续发展提供了基础。

总体来看，标准必要专利作为一种重要的战略资源，是技术标准与专利相结合的产物，企业的标准必要专利数量越多、质量越高，其在世界市场获得话语权的可能性就越大。因此，标准必要专利越来越成为各国战略竞争的焦点。随着欧盟、美国、日本、韩国陆续修订其标准化战略，加快标准必要专利政策的制定实施，发达经济体以价值理念和技术标准的统一为根基，有效保护国内市场，以技术标准优势构筑竞争壁垒的意图明确。中国智能家电领域的应用生态还处在初期阶段，技术标准型壁垒主要集中在Wi-Fi、蓝牙、紫蜂、红外等智能化领域，且近年来标准必要专利权利人与智能家电企业的角力渐露端倪并将日益激烈。企业应高度重视技术标准型贸易壁垒并主动研究标准必要专利权利人的专利许可模式，预判潜在风险，制定应对策略，尽可能降低技术标准型壁垒的影响。

第四节　商标域名恶意抢注

伴随着全球化与国际竞争的深入推进，各国或地区不断修改完善自身的商标保护政策，欧盟自2008年以来的商标法改革、美国2021年专利商标局再次修订《商标现代化法案》(*Trademark Modernization Act*)、马来西亚出台《商标条例（2022）》(*Trade Marks Regulations 2022*)、新西兰也在2020年修订《商标法（2002）》(*Trade Marks Act 2002*)等，各国均在不断完善商标权的保护。而商标权严格的地域性、各国商标法律的差异性等因素使得商标纠纷成为阻碍国际商标布局的障碍之一。从近些年广东省智能家电产业涉国际商标诉讼纠纷发现，除了明确侵权，商标抢注等成为商业竞争的常规手段，形成阻止进入当地市场、产品出口即面临侵权等风险"栅栏"，堵住中国企业走向国外市场道路。商标诉讼成为国外竞争对手阻碍中国智能家电企业进驻当地市场的重要工具之一。

一、商标恶意抢注

商标地域性特征显著，受不同国家或地区商标的注册取得及审查规则的不统一等多种因素影响，商标在国际市场中遭遇抢注事件屡见不鲜。同时，随着科学技术的不断精进，商业标识往往与产品技术相结合，将商标嵌入产品中且无法剔除，若企业商标被抢注并使用，则严重挤占其生存空间。特别是部分中国企业知识产权保护意识薄弱，一般只会在计划或出现境外业务时，才会申请国外商标，造成国际商标布局具有一定的滞后性。随着中国智能家电产业相关品牌国际知名度的提高与品牌价值的增加，这种滞后性往往使商标抢注行为成为"有心人士"有意为之，其目的是对企业进军国际市场形成入市壁垒。目前，商标恶意抢注主要存在下面两种情况。

一是国外竞争者恶意抢注商标。商标抢注本就是国际市场竞争的重要手段之一，鉴于中国产品的成本低、价格便宜等特点，为阻碍中国企业抢占当地市场份额，国际同行竞争者或"有心人士"往往率先在国外抢注中国企业商标形成贸易壁垒，合法阻止中国企业进入。就智能家电企业而言，海信、新科电器有限公司等企业的商标在欧洲均曾因商标被抢注而引发商标诉讼的案例；广州市穗之星贸易有限公司的"GERLITE"商标、佛山照明公司的"FSL"商标等也都曾被具有直接竞争关系的德国西门子及其子公司抢注。由此可见，商标竞争已成为国外竞争对手阻碍中国智能家电企业拓展国际市场的重要手段之一。多数企业商标被抢注后，往往需耗费很长的时间协商争取，花费大量的资金才能拿回自身商标，甚至因赎回成本过高等原因，很多企业不得不放弃原有商标，重新注册新商标进入当地市场。不论是夺回原有商标还是注册新商标，企业均付出了沉重的代价,甚至需重新打响品牌知名度,一定程度上减缓了智能家电企业进入国际市场和抢占市场占有率的速度。

二是恶意抢注垄断代理权。在欧洲、美国、日本等国家或地区,商标注册或商标抢注是市场竞争的惯用手法。2021年,利用世界知识产权组织国际商标体系保护品牌的申请量激增了14.40%,达到7.31万件,是2005年以来同比增长最快的一年。❶据欧洲知识产权局统计,2021年共收到19.8万件的欧盟商标(EUTM)申请❷,美国专利商标局商标申请数量也达新高,共94.3万件,同比增长27.90%。❸同时,近5年来美国商标诉讼平均诉讼量始终维持在4000起左右,高于专利与商业秘密等类型的诉讼量。各国企业及商标权利人维权意识日渐高涨,甚至出现商标抢注职业人,以恶意抢注商标牟利。纵观中国智能家电行业,受中国家电制造业定牌生产合作(Original Entrusted Manufacture,OEM)模式的影响,目前遭遇的抢注人多为外国代理商,如格力在巴西、广州轻工集团"三角牌"在智利、广州帝腾音响器材有限公司在印度尼西亚均被代理商抢注商标等。这些外国代理商通过率先在当地抢注品牌商标获得该品牌在当地经销代理的垄断等条件的重要谈判砝码。

一旦中国企业在国际市场发现自身品牌商标被抢注,为进军当地市场就会或高价购买其商标,或放弃当地市场,无论如何都会对中国企业及其国际化进程带来影响与损失。尽管存在部分企业面对恶意抢注积极通过法律和行政手段坚决维权的情况,但不可避免地将增加企业国际市场拓展成本、阻碍其产品进驻国际市场的时间与市场占有率。如海信在被西门子抢注"HiSense"商标后,为拿回商标,在与西门子的谈判过程中,被要价4000万欧元的转让费,为进

---

❶ 世界知识产权组织.2021年全球知识产权申请服务量创下新纪录[EB/OL].(2022-02-21)[2022-06-20].http://www.ipraction.gov.cn/article/xwfb/gjxw/202202/372615.html.

❷ EUIPO.Filings, applications, quality and customer service: 2021 in review[EB/OL].(2022-03-28)[2022-06-20].https://euipo.europa.eu/ohimportal/news?p_p_id=csnews_WAR_csnewsportlet&p_p_lifecycle=0&p_p_state=normal&p_p_mode=view&journalId=9278755&journalRelatedId=manual/.

❸ USPTO.USPTO's FY 2021 Performance and Accountability Report: A Clean Bill of Financial Health[EB/OL].(2022-01-11)[2022-06-20].https://www.uspto.gov/blog/director/entry/uspto-s-fy-2021-performance.

驻欧洲市场海信遂换标出口。在前后近5年的双方长期谈判中，最终在中国政府的调停下海信以50万欧元赎回商标。因海信商标牵扯了其电视、空调等多类产品的国际化，在这5年的拉锯战中，成本投入不菲，且严重阻碍了其进驻当地市场的速度。此外，从西门子虽抢注了商标但并未投入使用可以看出，竞争对手通过诸如商标抢注等有效的非关税壁垒成功减缓了中国家电企业在当地的竞争。而当前中国智能家电企业除了头部企业，多数仍为中小型企业，基于中国智能化发展基础，不管是从企业国际化发展还是降低经济损失风险而言，相关企业不得不提前做好商标布局，规避知识产权纠纷风险。

二、域名抢注造成的商标纠纷

伴随着互联网与跨境电商的快速发展，域名成为数字信息时代重要的标识，企业通常将自身商标或商号中具有标识性的文字注册域名，作为自身"互联网商标"。随着域名估价模式的推广及品牌价值重要性的提升，商标域名在全球范围内日益受到重视。2021年，商标所有人根据统一域名争议解决政策（Uniform Dispute Resolution Policy，UDRP）向世界知识产权组织提交了5128起案件，创历史新高，同比增加22.00%。[1] 可见，域名不再是标志企业网站本身，更多具有广告属性，且具有强大的商业价值。

域名的潜在价值及唯一性等特征促使域名的恶意抢注成为谋取利益、排斥竞争对手的重要手段。与商标的恶意抢注一样，一旦出现企业域名被恶意抢注，追回成本极大，或放弃或巨资赎回或诉讼拉扯，在经济诉讼损失的同时，可能存在注册方恶意利用的情况，如"搭便车"误导消费者引流至其他方面获取利益，更甚者将域名指向影响企业形象的网站。除了恶意抢注，还存在域名的反向侵夺，即商标权人以维护商标权为诉由，利用司法实践中优先商标权人的惯例，恶意起诉以正当、合法获取域名的权利人，将他人合法域名占为己有。随着通信技术及电子商务优势凸显，中国智能家电在全球范围内拥有较强

---

[1] WIPO.WIPO ADR Highlights 2021［EB/OL］.（2022-01-25）［2022-06-21］.https://mailchi.mp/wipo.int/wipo-adr-highlights-yearly-review-2021.

的竞争力，域名的隐蔽性等特点使其不能及时得到保护或不能及时在国际市场注册，从而不可避免地面临域名纠纷这一新型知识产权纠纷形式。从近十年来广东省企业涉美国商标诉讼案件看，多数广东省企业域名作为被告出现在被告列表中，因此伴随着全球智能家电产业的发展，域名作为自身知识产权保护的重要部分，相关企业不得不重视自身域名保护及域名价值，以避免陷入纠纷等隐患影响企业形象及国际运营。

三、以产品质量安全牵扯商标名誉的双重侵权诉讼

产品安全风险是影响企业品牌信誉的重要因素，一旦出现产品质量安全问题或被当地相关机构认定存在产品伤害风险，则会直接影响企业的经济效益，进而影响企业品牌的声誉价值，因企业产品问题提起包含损害商标权的双重诉讼也因此出现。从广东省相关企业涉外商标诉讼案件看，原告诉由除了单纯商标侵权原因，还包含产品质量安全等原因，如涉案智能家电企业在产品出口过程中可能存在检验、检测结果不被当地机构认可、当地机构要求重新提供检测报告等情况，或出口企业因产品质量问题被美国消费品安全委员会要求进行产品召回等。基于以上原因，国外子公司以母公司缺陷产品对自身声誉造成实质性损害为由发起多项诉讼，商标诉讼为其中一种。在双方诉讼过程中，尽管司法机关最终判决被告并未损害其商标权，但对被告造成的影响不可估量。

一是应诉成本高。从近年来广东省企业涉美商标诉讼案件结果看，判赔率不足20.00%，但一旦智能家电企业涉及缺陷产品引发的商标诉讼，除支付高额的诉讼相关费用外，还需承担反复检验、检测费用，以及美国消费品安全委员会高额和解金等。中国智能家电行业除龙头企业外，多数为中小企业，体量小、风险承受能力低，一旦波及这类诉讼，将大幅增加企业开拓国际市场的成本。

二是企业品牌声誉受损。伴随着互联网技术的日趋完善，智能家电新风口竞争激烈，因产品缺陷涉诉，则企业的品牌声誉不可避免地受到影响进而制约其进军国际市场。

总体来说，智能家电产业涉及商标恶意抢注事件的情形较多，区域较广，不仅发生在欧洲、美国、日本、韩国等发达经济体，而且遍及"一带一路"沿线国家等。涉案企业多为行业内的头部企业，且随着跨境电商的迅猛发展，头部企业的其他衍生品牌乃至域名也成为国际竞争者关注的对象。因此，以商标为主导的贸易壁垒形式既有同业竞争者以抢占国际市场为目的主动发起的恶意商标或域名抢注，也有外国代理商恶意抢注垄断代理权，更有国外子公司以产品质量安全原因为由提起的商标诉讼行为，其实质均是通过制造入市壁垒限制国际市场竞争。随着各国商标法的完善和审查程序的优化，以及马德里等商标条约范围的扩大，商标诉讼越来越成为企业维护自身权益的重要工具和有效应对恶意竞争、维护自身品牌的重要方式。

第五节　商业秘密恶意诉讼

欧美等发达经济体仍享有相关技术和规则的绝对话语权，商业秘密诉讼日益成为发达国家打压和狙击中国企业国际化的重要竞争工具。特别是美国《2016保护商业秘密法案》（*Defend Trade Secrets Act of 2016*，DTSA）和《欧盟商业秘密保护指令》（*EU Trade Secrets Directive*）的生效，进一步提高了商业秘密损害赔偿力度，加强了商业秘密保护。深入研读广东省智能家电产业涉国际商业秘密诉讼案件卷宗可以发现，商业秘密诉讼案件除正当维护权益外，也存在着相关利益方为实现商业竞争、打击对手等目的提起恶意诉讼的情形，构成实实在在的知识产权贸易壁垒。

一、以离职人员窃取商业秘密为由提起的恶意诉讼

员工跳槽离职是商业秘密泄露的主要风险之一，特别是关键或核心技术岗位的离职人员创办同一行业内的新公司或加入竞争对手公司，如泄露或使用前东家的商业秘密将会给前东家带来不可估量的损失。因此，商业秘密诉讼案件很多都是以离职人员窃取商业秘密罪为诉由立案定罪，但也存在离职人员未违

反职业道德、泄露原任职公司的非公知技术信息，只因仍身处同一行业并对原任职公司构成商业竞争或潜在的竞争威胁，出于商业目的的考量，原任职公司提起商业秘密侵权诉讼，这种情况就带有恶意诉讼的性质。更有甚者，部分外国企业提起恶意诉讼时，甚至上诉的法院都不具有属地管辖权，其目的显而易见。如果广东省企业不应诉，外国司法机关可假定申诉状中的所有指控都是真实的，并裁定不应诉企业已经丧失对诉状质疑的权利，进而作出有利于原告的"缺席判决"。这种恶意行为，只有在广东省企业积极应诉时才能进行抗辩予以纠正。从广东省相关涉案案件看，虽然法院最终给出了被告公司及员工未侵犯商业秘密、被告胜诉的判决，体现了司法公正，但无论是从涉案企业应诉成本角度还是诉讼引致的企业商誉和经营状况受损角度考量，涉案企业的损失都是巨大的。

从应诉成本看，众所周知，国际知识产权诉讼的费用非常高。根据对省内有应对国际知识产权纠纷经验的企业调查发现，在美国打知识产权官司平均要花费100万~600万美元，在欧洲打知识产权官司平均要花费30万~50万欧元。通过对美国2019—2021年商业秘密诉讼案件的结案周期统计发现❶，商业秘密诉讼案件从提起诉讼到法院作出"驳回"判决的结案周期中位数达166天，案件走到"简易判决"的结案周期中位数达523天，走到"庭审"判决的结案周期中位数达571天。因此，案件拖的时间越久，诉讼费用越高，加之跨国诉讼伴随的语言障碍、制度差异等因素，涉案企业往往花费更多，成本不堪重负。

从企业商誉和经营状况看，企业一旦被起诉，不管最终结果如何，企业和涉案员工在案件未了结之前均被贴上了"涉嫌侵犯商业秘密罪"的标签，企业商誉和员工个人声誉从案件一开始即受损，如果涉案员工为企业的高管或创始人，则负面影响更为严重，甚至会波及企业的品牌并对产品销售造成直接影响，损失不可估量。案件持续时间越久，企业所受的拖累越沉重。即便司法机关最终认定企业及其员工并未侵犯他人商业秘密并判决被告胜诉，但企业的损

---

❶ Lexmachina. 美国地方法院专利诉讼信息［EB/OL］.［2021-12-31］.https://law.lexmachina.com/.

失已实实在在发生。在整个诉讼过程中，外国同业原告已经达到了打击竞争对手、抢占市场份额的目的，被告虽赢了官司却输了市场。由此可见，以离职人员窃取商业秘密为由提起的恶意诉讼行为，本质上是商业竞争的一种手段，以不当的知识产权诉讼达到抢占国际市场份额的目的，是一种较为隐蔽的知识产权贸易壁垒形式。

二、滥用不同属地司法权提起诉讼

智能家电产业不仅产业链长，而且品类丰富，相关企业在创建自有品牌、设计销售自主研发产品的同时，也为国外企业提供代工服务。在委托加工业务中，委托方提供的代为加工产品的技术设计、技术样品、质量控制、应用试验、工艺流程、制作工艺、制作方法、计算机程序等技术信息属于商业秘密，受托方应予以保密且不可侵犯，以免引起商业秘密纠纷。现实案件中，委托方以侵犯商业秘密为由提起的纠纷时有发生，其中也存在滥用不同属地司法权提起恶意诉讼的情形。所谓不同属地司法权的滥用，即委托方以侵犯商业秘密为由提起诉讼或仲裁，在案件尚未了结的情况下，基于完全相同的事实在其他属地的司法机构对被告再次提起诉讼的行为。

以 June Life 公司和格兰仕发生的商业秘密纠纷案（June Life, Inc. v. Guangdong Galanz Microwave Electrical Appliance Manufacturing Co., Ltd. et al，案件号：1：20-cv-07241）为例❶，根据双方协议约定，June Life 公司已将争议提交新加坡国际仲裁中心解决，在国际仲裁程序尚未完结的情况下，June Life 公司又在美国伊利诺伊州北区东部地区法院基于相同的事实寻求法院救济程序，即构成了不同属地司法权的滥用。其原因有二：一是根据国际争议解决程序，仲裁裁决为终局裁决，对双方具有约束力，可由具有管辖权的国家强制执行。二是如果允许当事人在仲裁员和法院的重复案件中寻求相同的救济，是对司法人员时间和资源的重大浪费，而且两个司法机构同时处理同一问题，存在裁决结果不

---

❶ Lexmachina. 美国地方法院专利诉讼信息［EB/OL］.［2021-12-31］.https://law.lexmachina.com/.

一致的可能。为防止不同司法机构的办案人员"互相踩到对方的脚趾",伊利诺伊州北区东部地区法院最终驳回了 June Life 公司的申诉。

尽管美国法院给予了公正的判决,但原告企业滥用不同属地司法权的行为已经发生,被告企业不得不积极应诉,造成了被告同时在新加坡和美国两地疲于应对的局面,对企业的人力和财力造成了极大的损耗,一定程度延迟甚至阻止了被告企业推出同类竞争性新产品的上市计划,达到了抢占市场的目的。

总体看,智能家电产业在国际市场遭遇的商业秘密恶意诉讼行为主要发生在欧美等发达经济体,且以离职人员或委托加工业务中发生的涉嫌知识产权侵权等事由为主,存在滥用诉讼权或不同属地司法权等知识产权贸易壁垒形式。商业秘密恶意诉讼以正当的司法诉讼为掩护,其实质是企业间争夺国际市场份额、实现商业竞争的手段,具有隐蔽性和专业性等特点。近年来,随着各国商业秘密保护法案的不断完善,国际商业秘密诉讼案件呈增长趋势,企业越来越多地利用商业秘密司法工具加强自身保护。因此,智能家电产业应特别留意商业秘密保护中的隐藏知识产权贸易壁垒行为。

第六节 缺陷电器产品召回背后潜在的知识产权壁垒

家电产品作为人们生活的必需品,其安全的重要性是毋庸置疑的。产品召回制度是消除产品安全隐患的一项重要举措,是政府加强事中事后监管的有效手段。召回制度是针对已经流入市场的缺陷产品而建立的。所谓缺陷产品,是指因产品设计上的失误或生产线某环节上出现的错误而产生的,大批量危及消费者人身、财产安全或危害环境的产品。产品召回是指生产企业在其已售出的产品中,发现存在批次性的安全隐患问题,进而通过修理、更换、退货或补充标识等措施,消除隐患的过程。缺陷产品召回制度既是企业对产品安全进行事后救济的措施,是市场经济健康发展的必然要求,也是政府相关部门对产品安全进行事后干预的有效管理手段,是一项国际通行的产品安全管理制度。

一、智能家电产品在欧美市场召回情况

欧美发达经济体已经建立了完善的缺陷产品召回制度。欧盟根据《通用产品安全指令》（General product Safety Directly，GPSD）建立了非食品类危险产品快速预警系统——"安全门"。凡是被欧盟"安全门"通报的产品，相关负责的企业或者国家监管部门应采取相应的纠正措施，若生产商或者分销商忽视产品危险不肯回收产品的，将受到处罚。同时，被召回或撤出市场的产品，不能再转销到非欧盟的任何第三方国家。美国是世界上最早实行产品召回的国家，自1972年颁布《消费品安全法案》后不断修订完善，消费品准入门槛不高，由独立的非政府机构对产品进行检测认证合格即可，但进入后的管制极为严格，一旦证实市场中的产品不符合相关法规或技术标准，则立即进行封杀并召回。

2021年，欧盟"安全门"共发布2134例召回通报，比2020年减少4.20%。其中，原产地为中国的召回通报有1041例，比2020年减少6%，占"安全门"通报总数的48.80%，比重较上年下降1个百分点。原产于中国被通报最多的产品为玩具（33.50%，349例），其次为电器用品与设备（15.90%，166例）等。❶ 美国消费者保护委员会共发布219例召回通报❷，比2020年减少14.80%。其中，来自中国的产品（消费品）共134例，较上年减少1例，占美国消费者保护委员会召回总数的61.20%，比重较上年增加8.7个百分点，涉及金额约53.9亿美元。中国输美产品中被召回最多的产品为电器/电气设备，约占16.40%。❸

---

❶ 广东省WTO/TBT通报咨询研究中心.广东省技术性贸易措施年度报告（2022）[R].广州：广东省WTO/TBT通报咨询研究中心.2022.
❷ 美国消费品安全委员会.消费品召回数据[EB/OL].[2022-01-05].https://www.cpsc.gov/Recalls.
❸ 广东省WTO/TBT通报咨询研究中心.广东省技术性贸易措施年度报告（2022）[R].广州：广东省WTO/TBT通报咨询研究中心.2022.

二、缺陷产品召回的原因

分析中国家电产品在欧美召回案例可以发现，欧美对中国产家用电器缺陷产品召回的主要原因包括易引起触电/电机过热、发生火灾危险（包括产品本身的着火危险以及产品引起周围环境的火灾危险）、机械危险（由于机械原因对人或周围环境造成的危险）、辐射和有害物质的危险（由于电气产品产生的各种气体、电磁波对人体造成的伤害）、发生爆炸、烧伤危险等。召回案例中，绝大多数都是一种或多种风险并存，如触电危险和火灾危险并存、过热危险与火灾危险并存、机械危险与触电火灾危险并存等。

欧美对中国智能家电产品实施召回的依据是出口产品违反了相关法规和技术标准。若在欧盟主要违反了欧盟低电压指令、EN 60335 系列标准、EN 60950 标准、EN 61558 标准、BS 1363 标准、EN 62560 标准、EN 60884 标准等；在美国被召回产品主要违反了《危险物质和产品管理法规》、UL 60335 系列标准、UL 507 标准、UL 1647 标准、UL 1995 标准、UL 474 标准等相关规则。

三、缺陷产品召回背后潜在的知识产权壁垒风险

缺陷产品召回最直接的原因是产品质量违反了欧美国家的相关法规和技术标准，根源则是以技术标准优势构建的知识产权贸易壁垒。以美国为例，美国实行自愿标准体制，行业标准遵循企业自愿参加编写、自愿采用的原则，标准的编写和审批都需经过一批懂行的专家组成的技术委员会同意。鉴于美国智能家电产品本身在技术上的先进性和优势，以及保护本国产业发展、限制他国产品大量涌入造成的过度竞争等目的，美国行业标准制定者在设计标准之初有意识地提高本国产业已经成熟的技术指标或环保指标要求，已经从技术标准上将大量尚未达到先进水平的发展中国家的产品拒之门外。当行业标准上升为国家标准，甚至被写入技术法规要求时，这种贸易壁垒的影响将更为深远。

可见，国与国商品贸易之争背后，体现的是技术标准之争和知识产权之

争。缺陷产品背后反映的是欧美国家在智能家电产业技术标准上的国际规制权，以及因技术标准上的先发优势带来的知识产权储备和全球布局上的话语权。从近年来欧美缺陷产品召回通报看，家电产品召回占比较高，这也反映了中国智能家电产品在技术标准和知识产权方面与发达经济体仍存在一定差距。因此，智能家电生产企业应持续关注相关技术法规与标准最新动态，加大自主研发力度，规范生产管理，积极响应出口国最新技术要求，减少产品被召回的频率，降低企业损失。

第七节 国家战略驱动的知识产权贸易壁垒

与"337调查"对侵犯美国知识产权的外国生产或销售商采取制裁措施不同，"特别301条款"以双边谈判和贸易制裁的方式迫使其他国家或地区保护美国的知识产权，准许美国的知识产权产品进入该国市场并加以保护。"特别301条款"授予美国对贸易伙伴知识产权保护进行单边评价，以贸易制裁胁迫贸易伙伴遵从美国主导的知识产权规则。随着中国经济实力和国际影响力的增强，中美关系由克林顿时期的"战略伙伴关系"、小布什和奥巴马时期的"建设性关系"，发展到特朗普和拜登时期的"战略竞争对手关系"。2017年8月18日，美国贸易代表办公室启动了对中国的第六次"301调查"。在此背景下，美国实施的"中国行动计划"（China Initiative）、司法长臂管辖和实体清单等措施，均是美国国家利益和安全战略驱动下的知识产权贸易壁垒的表现形式。

一、中国行动计划

2018年3月和6月，美国贸易代表办公室和白宫贸易和制造业政策办公室先后发布的对华"301调查"报告《中国经济侵略如何威胁美国及世界的技术和知识产权》指出，中国实施了一系列不合理的贸易行为，目的是在世界范围内获得知识产权与技术发展高科技产业。2018年11月，时任美国司法部长杰夫·塞申斯（Jeff Sessions）宣布启动"中国行动计划"（China Initiative），其目的是针对中国对美国国家安全造成威胁的行为采取反制措施，对涉嫌盗取商业秘密、从事商业间谍活动、违反《美国反海外腐败法》(Foreign Corrupt Practices Act，FCPA)及其他美国法律的中国公司与个人展开积极调查并提起诉讼，并列出了应对与中国相关案件的10项措施。

"中国行动计划"实施3年多来，美国司法部公开66起"中国行动计划"案件，只有不到1/3的"中国行动计划"涉案被告被定罪。在148名被起诉对象中，只有40人认罪或被判有罪，而认罪指控往往比最初提起的要轻，这与联邦刑事案件约92.00%的定罪率形成鲜明对比。❶ 2022年2月23日，美国司法部宣布终止"中国行动计划"，但同时明确提出，当前面临的国家安全威胁形势需要采取更广泛的应对方式，下属国家安全部门正在启动一项新的"对抗民族国家威胁战略"。此战略目标是采取全方位的综合手段，利用司法部的全部法律武器，组织全社会、全政府行为打击敌对国家的安全威胁。新战略以安全威胁为导向，重点部署打击对国家安全构成最大威胁的领域，包括但不限于起诉经济间谍和技术盗窃、网络黑客攻击、外国投资审查和影响力渗透等。其中，负责国家安全事务的检察官将会更密切地监督涉及联邦拨款欺诈的案件，并更多寻求民事或行政制裁手段以取代以往的刑事起诉。❷ 由此可知，美国并未放松对中国的调查和制裁，而是对"中国行动计划"的更新升级，以确保美国在全球的领导地位。

二、司法长臂管辖权

根据中国国务院新闻办公室2018年9月发布的《关于中美经贸摩擦的事实与中方立场》白皮书的观点："'长臂管辖'是指依托国内法规的触角延伸到境外，管辖境外实体的做法。近年来，美国不断扩充'长臂管辖'的范围，涵

---

❶ 财经.美检察官拟撤诉陈刚案，"中国行动"取消遥遥无期[EB/OL].(2022-01-16) [2022-06-21].https://baijiahao.baidu.com/s?id=1722106255889170085&wfr=spider&for=pc.

❷ 郝敏."中国行动计划"真的终止了吗？[EB/OL].(2022-02-26)[2022-06-21].https://baijiahao.baidu.com/s?id=1725778036791442641&wfr=spider&for=pc.

盖了民事侵权、金融投资、反垄断、出口管制、网络安全等众多领域，并在国际事务中动辄要求其他国家的实体或个人必须服从美国国内法，否则随时可能遭到美国的民事、刑事、贸易等制裁。"[1]

长臂管辖权在美国司法体系具有广泛的运用。例如，《外国人侵权赔偿法》（The Alien Tort Claims Act）规定："地区法院对外国人针对侵权行为提起的任何民事诉讼拥有初始管辖权，只要该侵权行为触犯国际法或美国参加的国际条约"。再如《出口管理条例》（Export Administration Regulations，EAR）规定："任何企业不得将美国生产的管制设备（如军事器材）出口到美国禁运的国家（如伊朗、朝鲜等）。"又如《国际紧急状态经济权力法》规定："在美国国家安全保障和经济利益遭受重大威胁时，美国政府可冻结、没收外国持有的资产。"美国司法长臂管辖权的管辖范围很广，只要一家公司曾用美元交易、用美元计价签订合同，或者仅通过设在美国的电子邮件服务器收发、存储过邮件，美国政府就认为对这家公司拥有司法管辖权。

中兴通讯案和孟晚舟事件，均是美国运用司法长臂管辖权打击中国重点企业和人员的具体表现。特别是当长臂管辖权与针对案件当事人的禁诉令制度相结合时[2]，美国公司在处理国际纠纷案件时，通常会考虑在美国国内申请禁诉令，如果法院批准签发禁诉令，就可以通过长臂管辖权，暂时或永久禁止外国公司在国外起诉，或者逼迫外国公司在美国提起诉讼，从而实现有利于自身的诉讼环境，进而更易于达成商业目的。因此，长臂管辖权与禁诉令相结合更成了美国企业打击竞争对手的一把利剑。

---

[1] 肖永平．"长臂管辖权"的法理分析与对策研究［J］．中国法学，2019（6）：39—65．
[2] 在美国的法律体系中并没有关于禁诉令制度在国际诉讼管辖权冲突中适用问题的规定，与禁诉令有关的只有美国1793年《反强制禁止法案》中关于将该制度用于解决国内州法院和联邦法院之间产生的区际诉讼管辖权冲突问题。尽管成文法中几乎没有关于禁诉令制度的规定，但是相应的签发标准及条件等内容在长期的司法实践中逐渐成形，并被各法院所适用。

三、实体清单

实体清单是美国出口管制的重要手段之一。美国商务部工业和安全局（Bureau of Industry and Security，BIS）通过增补修订《出口管制条例》，根据《出口管制条例》第4～744部分（管制政策：最终用户和最终用途）和第746部分（禁运和其他特殊控制）将因参与了与美国国家安全或外交政策利益相悖活动的实体列入管制清单。该清单是一份记录从事了让美国政府有理由相信已经、正在或者极有可能涉及"违反美国国家安全和/或外交政策利益活动"的外国人（包括实体和个人）的名单。

被列入实体清单通常意味着在没有获得美国商务部工业和安全局颁发的出口许可证的情况下，被列实体不得获取受《出口管制条例》管控的物项。❶加之美国商务部工业和安全局对大多数中国实体采取"推定拒绝"或"逐案审查"的许可证发放标准，被列入实体清单企业获取许可证面临很大困难。因此，被列入实体清单企业的供应链将受到最直接的影响，特别是供应链上游的涉美货物、原材料可能会面临断供风险，所使用美国软件的更新升级以及跨境技术交流和国际会议、展览等活动也可能面临限制。

2018年中美贸易战以来，美国已先后十余次将累计超600家中国企业列入实体清单。从行业分布来看，被列入实体清单的中国企业主要集中在人工智能、无人机、5G通信、高性能计算、航空航天、芯片半导体等高科技领域以及军民融合企业或军工企业。2020年5月，中国被列入实体清单的企业数量首次超过俄罗斯位居榜首。可见，实体清单已成为美国政府打压中国企业频繁

---

❶ 根据《出口管制条例》的规定，所谓"受《出口管制条例》管控的物项"（商品、软件和技术），包括以下五类：

a. 位于美国境内的物项；

b. 原产自美国的物项，不论该等项目身处何地；

c. 非美国原产，但价值含一定比例以上（根据成分性质和出口目的国的不同分为0%、10%和25%）受控美国原产成分的物项；

d. 直接依赖特定美国原产技术或软件生产的非美国制造的"直接产品"；

e. 在美国境外的工厂生产的产品，但该工厂或该工厂的主要部件是特定美国技术或软件的"直接产品"。

使用的贸易工具之一，严重阻碍了正常的国际贸易往来，构成知识产权贸易壁垒。

此外，不同于特朗普政府时期的"美国优先"战略，拜登政府把构建国际联盟作为重要的外交战略，试图通过拉拢盟友共同与中国在经济、贸易、科技、教育、军事等领域"脱钩"，孤立中国，如欧洲一些国家禁用中国5G服务，印度对中国部分企业的打压和"杀猪盘"行为等，都是国家战略驱动的知识产权贸易壁垒的具体体现。

随着中国的快速崛起，中美经济竞争对抗加剧。除了常规的科技竞争战略，美国越来越多地动用国家力量，建立了一套由美国贸易代表办公室、商务部、国防部、能源部、国土安全局、司法部、国务院和财政部等机构协同办公的全面管制执法体系，运用知识产权国内立法的国际化延伸适用、司法长臂管辖权和出口管制措施等各种非常规手段，制造贸易壁垒，打压中国高科技企业发展，以维护美国的技术霸权和知识产权霸主地位。除个别头部企业外，智能家电企业总体上遭遇美国政府主导的知识产权贸易壁垒相对较少，但随着产业"走出去"步伐的加快，国际市场份额的提高，当产业核心竞争力威胁到美国相关产业发展时，不排除美国以国家安全为由进行制裁，因此，企业不能掉以轻心。

本章详细阐述了广东省智能家电企业"走出去"过程中遭遇的主要知识产权贸易壁垒类型。总体看，智能家电企业在主要出口市场均遭遇过不同类型、不同程度的知识产权贸易壁垒，既有竞争对手出于争夺市场份额目的制造的专利权滥用壁垒，也有技术和知识产权寡头挑起的技术标准型壁垒，更有"有心企业或个人"恶意发起的商标抢注行为和滥用商业秘密诉讼行为，这些壁垒已成为企业间实现商业竞争的一种惯用手段。此外，美国"特别301条款"和"337条款"制度，以国内立法形式赋予了美国政府利用"特别301报告"对贸易伙伴国进行单边评价，进而发起国家利益主导型知识产权贸易壁垒的权力，以及在美国生产和销售企业主动发起"337调查"以实现产业利益博弈和贸易遏制的目的。随着中美竞争对抗的加剧，美国更加频繁地运用以上制度，甚至联合盟友对中国企业制造贸易摩擦或对相关产业进行围剿打压，其本质是捍卫美国在全球的知识产权领导地位和经济霸主地位。

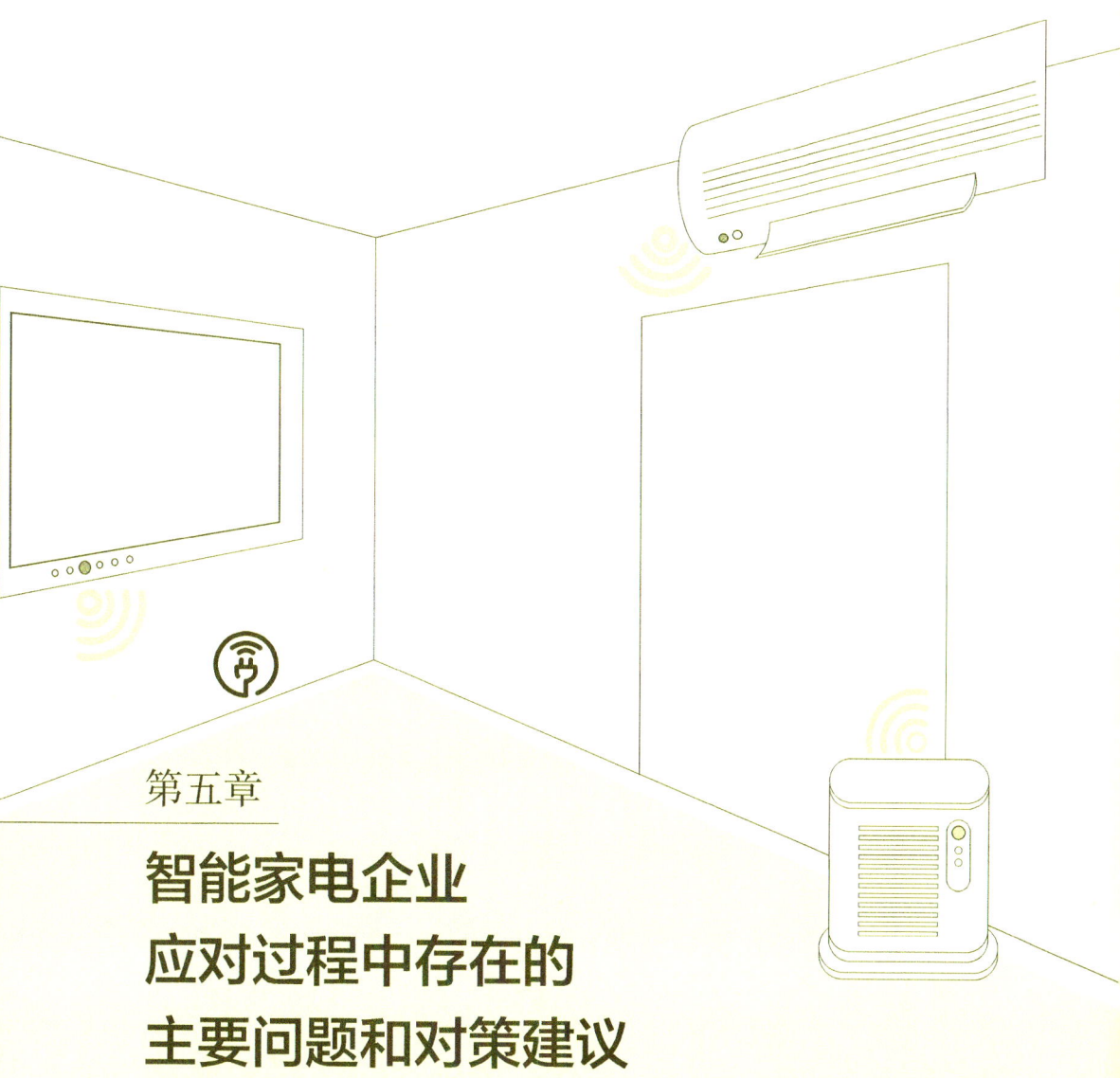

第五章

智能家电企业
应对过程中存在的
主要问题和对策建议

知识产权贸易壁垒作为一种新型的壁垒形式，以其表面的正当性和隐蔽性、较强的专业性和进攻性对国际贸易正常秩序造成了严重破坏，对涉事企业造成了沉重打击，甚至阻碍了其进军国际市场的计划。高度重视知识产权贸易壁垒并积极应对，是企业"走出去"的必然要求。

第一节　企业应对知识产权贸易壁垒存在的主要问题

广东省外向型经济发达，外贸依存度超六成，家电产品出口量占据全国半壁江山，因此智能家电企业在"走出去"过程中频繁遭遇知识产权贸易壁垒，涉案量不仅在全国智能家电产业中居高，而且在广东省所有产业中也很有代表性。经实地调研，智能家电企业在应对知识产权贸易壁垒纠纷时存在以下主要问题。

一、海外应诉成本高，企业负担重

海外知识产权纠纷应诉经济成本主要包括诉讼官方费用、律师费用和专家证人费用等。由于知识产权技术问题复杂、证据量大、准备和审理周期长等原因，律师费用在海外应诉成本中占比较重。据不完全统计，美国知识产权资深律师的收费是700～800美元/小时，英国资深律师的收费是1000欧元/小时或以上，加拿大民事诉讼律师的收费是平均1175加元/小时，而根据《商法月刊》（*China Business Law Journal*）在2018年12月底发布的《2018年中国律师事务所费率调查》最新统计数据，中国律师平均收费为2792元/小时，约为美国、英国和加拿大律师费的51.25%、35.14%和46.71%；除了要支付资深律师的费用，还要支付每小时50美元到150美元不等的助理律师费用。这意味着仅律师费一项开支，打国际官司的诉讼成本就远高于国内官司诉讼成本的数倍。根据对省内有应对海外知识产权纠纷经验的企业调查发现，在美国打知识产权官司平均要花费100万～600万美元，在欧洲打知识产权官司平均要花30万～50万欧元。许多知识产权案件的应诉成本可能高达数百万美元甚至数千万美元，加之语言和诉讼周期等因素，企业需支付的海外应诉成本更高。而根据国家海外知识产权纠纷应对指导中心统计，2021年中国企业在美国涉专利诉讼平均判赔额达1102万美元，涉商标诉讼平均判赔额达65万美元。高昂的应诉成本叠加败诉赔偿费用,对任何企业来说都是一项巨额开支。

从广东省企业涉海外知识产权贸易壁垒和诉讼纠纷与企业应诉能力看,一方面,企业涉海外知识产权贸易壁垒和诉讼案件量居高不下。在经济全球化遭遇逆流和地缘政治冲突等背景下,世界经济发展不稳定性、不确定性因素增加,全球主要经济体经济增速放缓。世界银行2022年6月发布的《全球经济展望报告》显示,2022年全球经济增速将从2021年的5.7%大幅下滑至2.9%,全球经济可能正进入"增长疲软、通胀高企的漫长时期"。❶由于全球经济放缓,知识产权权利人避险情绪上升,所以利用持有的专利商标权提起知识产权纠纷的意愿就会更加强烈。2021年美国共发起"337调查"51起,其中,广东省企业涉案量达14起,占美国"337调查"案件总量的27.45%,创下近十年来广东省企业涉美国"337调查"案件量的新高;美国联邦地区法院知识产权诉讼(含专利、商标和商业秘密)案件量超9000起,其中,广东省企业涉案量接近3%,虽然案件总量不多,但近五年案件量维持历史高位。可见,广东省企业在"走出去"过程中遭遇的知识产权贸易壁垒和诉讼纠纷较为频繁。另一方面,企业应诉能力相对有限。广东省企业在频繁遭遇海外知识产权贸易壁垒和诉讼纠纷的同时,也面临企业运营成本增加、亏损面扩大的局面。2021年,广东省规模以上工业企业营业成本143 986.13亿元,同比增长16.22%;亏损企业10 551家,同比增长9.50%;亏损企业亏损总额1219.85亿元,同比增长20.01%;亏损企业亏损面为17.90%。❷❸虽然规模以上工业企业实现利润总额11 278.35亿元,同比增长17.83%,但平均下来,单位规模以上工业企业实现利润额不足2000万元。与动辄几百万美元的海外知识产权应诉成本相比,以上利润水平意味着企业即使仅遭遇一起海外知识产权贸易壁垒和诉讼纠纷,就有很大可能使当年甚至过去几年的收益付诸东流。不应诉,意味着要支付高额

---

❶ 金融界.世界银行再度下调2022年全球经济增长预测至2.9%[EB/OL].(2022-06-08)[2022-09-10].https://finance.sina.com.cn/roll/2022-06-08/doc-imizirau7286028.shtml?finpagefr=p_115.

❷ 广东省统计局.广东统计年鉴(2022)[EB/OL].(2022-10-25)[2022-10-27]http://stats.gd.gov.cn/gdtjnj/content/post_4035145.html.

❸ 广东省统计局.2021年广东省国民经济和社会发展统计公报.[EB/OL].(2022-03-02)[2022-06-20].http://stats.gd.gov.cn/tjgb/content/post_3836135.html.

的赔偿费用或退出目标市场；应诉，则意味着要支付高额的诉讼费用。对于很多小企业来讲，如果在一宗美国知识产权侵权诉讼中败诉，很可能是灭顶之灾，即使是大企业也不堪重负。

二、知识产权海外保险起步较晚，企业参与度亟待提高

知识产权保险指在专利研发、申请、实施与转让、使用及诉讼等知识产权保护全链条，针对损害知识产权的行为提供的保险保障。中国知识产权保险起步较晚，2010年佛山市禅城区推出了全国最早的专利保险，以中国人保为代表的多家保险机构积极探索符合政策导向和企业需求的新险种。经过十年来的发展，中国知识产权保险产品体系已基本形成，主要包括知识产权维权保险、侵权责任保险、质押融资保险等。但从调研了解到的情况看，企业"走出去"过程中参与知识产权海外侵权责任等保险产品的热情亟待提高。

一方面，知识产权海外保险产品供给相对有限。中国知识产权海外保险起步较晚。2020年5月全国首单知识产权海外侵权责任险在广州落地，目前仅中国人保和平安保险推出了知识产权海外侵权责任险种，保障因非故意侵犯第三方合法知识产权而被提起仲裁或诉讼的、由被保险人支付的仲裁或诉讼费用及约定的其他法律费用。而国外知识产权保险经过三四十年的发展，已建立了较为成熟的保险制度和丰富的产品供给。例如，美国有知识产权侵权责任保险和知识产权执行保险，保险公司承担法院判决赔偿金额或保险公司与投保企业协商解决之诉讼辩护费用和损害赔偿费用；韩国专利厅推出NPEs防御专门诉讼保险、知识产权出口安全保险、北美和欧洲知识产权安全团体保险等产品，通过政府补偿一定金额的保险费支持侵权诉讼；日本经济产业省、日本贸易保险（Nippon Export and Investment Insurance，NEXI）推出海外知识产权许可保险、专利授权金保险、专利侵权保险等，并提供50%的保费补贴并成立了海外知识产权许可保险基金，支持企业海外知识产权保护等。由此可见，发达经济体知识产权保险在险种设计方面更加完善齐全，充分考虑了企业性质不同、应对措施不同、应对区域不同的各种需要，使险种设计覆盖范围更广，更能满

足不同企业多种情景的需要。

另一方面，企业参与度亟待提高。调研发现，企业参与度不高主要有以下原因。一是部分企业不了解甚至认为不需要知识产权海外侵权责任保险。企业对海外知识产权风险认识不充分，知识产权风险意识淡薄，会从根本上影响其投保意识；二是部分企业认为现有知识产权海外侵权责任保险条款设计和保障范围无法匹配自身内在需求，出于投入金额与保障匹配度考虑，投保意愿不高；三是部分企业认为知识产权纠纷具有诉讼难度高、耗时长等特点，而中国现有的知识产权海外侵权责任保险产品保额偏低，低保额保障无法覆盖企业实际的海外诉讼成本，提高保额带来的保费支出成本又会大幅增加企业的运营成本。基于保费支出与出险概率等综合因素的考量导致企业投保意愿不足。此外，还有一些企业有意愿投保，但因过往海外知识产权纠纷案件不断，保险公司出于知识产权风险、价值评估和出险概率及损失等角度考虑不敢或不愿承保。

海外知识产权保险助力企业在国际贸易争端中抢占科技战略制高点，帮助企业有底气、有实力在海外知识产权纠纷中支撑到底，从而在国际市场做大做强。中国知识产权海外保险处于起步阶段，现有海外知识产权保险产品供给不足与企业实际需求的不匹配，使知识产权保险对企业的支撑作用减弱，企业遭遇海外知识产权贸易壁垒时，无法通过保险手段规避潜在风险，降低损失。

三、企业专利储备不足，专利许可谈判处于弱势地位

近年来，随着广东省智能家电产业全球市场份额的不断提高，越来越多的国际知名专利联盟，如杜比公司、HDMI组织和Via公司，利用联盟拥有的专利池布局方面的先发优势，主动与广东省智能家电厂商进行谈判，收取专利许可费。以HDMI组织为例，HDMI组织由日立制作所、松下、飞利浦、矽映电子科技（Silicon Image）公司、索尼、汤姆逊（Thomson（RCA））和东芝于2002年组建。其管理的HDMI专利池拥有230件专利，覆盖60个国家，采取终端产品收费模式，即每个产品收0.15美元，同时收取HDMI标识的费用，每个收0.05美元。目前，HDMI组织已经与超过1800家国内外公司达成专利

许可协议，包括三星、LG 及国内多家厂商。这些专利联盟凭借强大的专利池储备，在专利许可谈判和诉讼方面持积极态度。

从智能家电产业细分领域专利技术国际比较看，广东省除温度控制类空气调节器产品专利技术达到国际水平外，其他细分领域技术处于世界"领跑"位置的还不多，绝大多数技术依然处于"并跑"和"跟跑"阶段。加上智能家电产业的基础性专利基本被外国厂商掌握，广东省企业内企业在创新过程中无法绕开这些基础性专利，导致企业在进行专利许可谈判时，基本处于弱势和被动地位。经了解，这主要体现在三方面：一是专利许可合同均为固定模板，且许可协议内容基本以保护许可方为主，广东省企业对专利许可协议等基本无谈判和修改空间。二是专利许可费用缺少议价空间。现有的标准必要专利收费标准固定，降价、议价的可能性极低。智能家电企业往往需要使用到多个标准必要专利，专利许可费叠加，大幅增加企业运营成本，削弱企业市场竞争力。三是专利实施方承担的潜在要求诸多。专利许可协议履行期间，专利联盟公司经常会就标准必要专利授权、合同履行、审计等提出诸多要求，专利实施方必须予以配合，这无形中增加了额外的运营成本。

四、企业知识产权管理意识薄弱，海外知识产权信息资源获取能力有待提升

知识经济时代，知识产权管理工作在企业管理中扮演着越来越重要的角色，它不仅是经营管理的重要环节，而且是提高企业市场竞争力、提升企业市场地位的助推器。[1]国家知识产权局调查数据显示，只有 34.7% 的企业设有专门管理知识产权事务的部门。[2]超过六成的企业没有设置独立的知识产权事务管理部门，可见很多企业尚未树立知识产权管理意识。目前，广东省企业特

---

[1] J.Robert, M.Sherwood.Intellectual Property and Economic Development [J].West view Press, 1990: 24.

[2] 国家知识产权局 .2019 年中国专利调查报告 [EB/OL].（2019-12）[2022-05-31].http://www.ahipdc.cn/download/5e781e3f0cf2a784c40d2ca8.pdf.

别是中小企业现有的法律顾问基本是兼职律师，其工作职责大部分仅限于合同审核和一些基本的人事纠纷处理，缺乏海外知识产权贸易壁垒和诉讼纠纷应对经验，无法有效获取专业高效的知识产权服务支持，并且企业不重视对海外知识产权的培训投入。调查发现，广东省企业在制订和实施年度培训计划中，往往只限于生产需要的培训科目，对知识产权特别是海外知识产权内容模块鲜有提及；同时，对目标市场国家知识产权法律环境的研究投入较少，资金支持力度有限，从而在应对海外知识产权贸易壁垒时，往往难以及时制定有效的应对策略。

此外，广东省企业在"走出去"过程中，缺乏对目标市场同类产品或服务知识产权信息的了解和跟踪，缺乏有效的信息获取渠道，在面临海外知识产权贸易壁垒和诉讼纠纷时难以选择目标国中优秀的法律服务机构，或缺乏有效顺畅的沟通及必要的信任，因而不利于及时化解知识产权纠纷。例如，商标是企业重要的无形资产，是企业信誉的重要载体。通常中国企业的商标在国外遭抢注后，有三种解决途径，即赎回商标、放弃市场、另换商标。但是无论采取哪种方式都会给企业造成一定程度的损，因为企业往往难以及时获知抢注信息。虽然大多数国家和地区都有授予商标权的行为，并且商标注册之前有公示程序，但公示采用各个国家或地区的官方语言，难以引起中国企业注意。此外，在中国，商标注册前公示期为三个月，时间比较充分，但在国外，有些国家和地区公示期仅为一个月，在如此短暂的时间内，中国企业发现并及时采取措施的难度较大。信息资源的缺乏是企业无法及时有效应对海外知识产权贸易壁垒的原因之一。

五、中小微企业应对海外知识产权贸易壁垒能力有限

2021年，广东省中小微企业数量达64 765家，占全省企业总数的97.64%；规模以上工业企业中，大型企业实现增加值18 384.41亿元，占全省规模以上工业企业增加值的49.28%，中型企业和小微企业实现增加值分别为8318.96亿元和10 603.16亿元，占全省规模以上工业企业增加值比重分别为22.30%和

28.42%。❶ 中小微企业在广东省经济发展中发挥着重要的作用，但其应对海外知识产权贸易壁垒能力有限。主要表现在以下两方面。

一是中小微企业创新能力弱。中小微企业数量众多，研发费用支出相对偏低。从2021年广东省研究与发展经费内部支出情况看，全省研究与发展经费支出2902.18亿元，其中，中型企业和小微企业分别为549.18亿元和668.55亿元，占全省研究与发展经费支出的18.92%和23.04%。中小微企业研究与发展经费支出总量仅相当于大型企业（1684.46亿元，58.04%）的七成。研发投入不足制约了企业创新能力的提升。据了解，只有3.00%和1.00%的中、小企业申请过或获得过专利。❷ 缺少知识产权保驾护航，中小企业在"走出去"过程中易于遭遇知识产权贸易壁垒。

二是中小企业盈利能力不足。受能源价格不断上涨、供应链中断引发通货膨胀水平超出预期且波及范围更广、国际贸易摩擦迭起等影响，企业运营成本增长较快，挤压了利润空间。从不同规模的企业利润看，2021年中型企业和小微企业实现利润总额分别为2410.71亿元和2319.81亿元，占广东省省规模以上工业企业利润总额的21.37%和20.57%，远远落后于大型企业（6547.82亿元，58.06%）；从单位企业利润额看，平均每家中型企业和小微企业实现利润额分别为3539万元和400万元，仅为大型企业单位利润额（41 866万元）的8.45%和0.96%。中小企业盈利能力不足，使其在遭遇海外知识产权贸易壁垒时，无法承担高额的应诉成本，往往是不战而逃，被迫放弃目标市场。

第二节 对策建议

总体而言，大多数广东省智能家电企业能够积极主动应对海外知识产权贸易壁垒并取得较好的结果。智能家电企业涉美国"337调查"应诉率达

---

❶ 广东省统计局.广东统计年鉴（2022）[EB/OL].（2022-10-25）[2022-10-27].http://stats.gd.gov.cn/gdtjnj/content/post_4035145.html.

❷ 新华网.质量创新成为广东中小企业转型升级的普遍路径[EB/OL].（2018-02-14）[2022-06-30].http://www.xinhuanet.com/info/2018-02/14/c_136974658.htm.

80.00%，广东省企业在美国联邦地区法院知识产权诉讼案件应诉率达 66.32%。企业在应对过程中存在海外知识产权应诉成本高、企业参与知识产权海外责任险热情不高、专利许可谈判处于弱势地位、知识产权管理意识薄弱、海外知识产权信息资源获取能力有待提升和中小企业应对能力有限等问题。建立政府、协会、企业、第三方服务机构"四位一体"的海外知识产权贸易壁垒应对机制，是助力企业平安"走出去"的必然要求。

一、建立企业联合应诉机制，降低维权成本

从近十年广东省企业应对海外知识产权贸易壁垒情况看，智能家电企业涉美国"337调查"的缺席率仅为两成，广东省企业在美国知识产权诉讼纠纷的缺席率约为三成。维权成本高是企业不愿主动应对海外知识产权贸易壁垒的主要原因，特别是中小微企业受自身实力限制，面对"337调查"或海外知识产权诉讼，往往采取不应诉策略，成为海外知识产权贸易壁垒或诉讼纠纷"缺席裁（判）决"的主体。本书作者通过调研了解到，智能家电产业不乏企业间联合应诉的优秀案例，如洲明科技在应对337-TA-1114案号的调查时，积极主动联合了同时被诉的联建光电、奥拓电子等广东省、上海市和北京市的多家企业共同应诉，几家企业在联合应诉过程中，充分利用各自在销售和渠道等资源优势，搜集证据链，通过信息共享、分工协作，发现了申请人提起"337调查"的涉案专利无效的关键证据，进而提出专利无效等应诉策略，迫使申请人撤回调查。可见，企业间通过联合应诉，不但能大幅降低维权成本，减少运营费用，而且联合应诉过程中企业间信息共享、资源共享和应诉工作的分担与有效配合，能够使企业在收集举证材料时往往达到单一企业应诉时无法达到的效果和效率。然而，企业间自主发起的联合应诉对牵头企业的组织协调能力与责任担当、企业间互信与共识、责任义务与成本分摊等均有较高的要求。因此，与广东省遭遇的海外知识产权贸易壁垒案件相比，企业间联合应诉的成功案例只是凤毛麟角，但不可否认这是一种应对海外知识产权贸易壁垒的有效方式。

建议行业协会加强企业联合应诉成功案例经验的梳理总结，摸索出企业间

联合应诉的工作机制,并作为企业联合应诉牵头或发起人,尽可能地发动所有被调查企业联合应诉,组织力量、整合资源、共同应对,建立涉案产品金额与应诉成本分摊机制,调动企业应诉的积极性,通过联合应诉实现资源和相关证据的共享,提高胜诉的成功率。时机成熟时,共同推动建立海外法律援助联盟或应对基金,切实提升企业应对海外知识产权贸易壁垒能力。

二、加快海外知识产权保险供给,提高企业风险转移能力

知识产权日益取代资源、资本等要素,成为国家重要的战略资源和国际竞争力的核心力量。知识产权保险的重要性日益显现。2019 年 11 月 24 日,中共中央办公厅、国务院办公厅印发的《关于强化知识产权保护的意见》中提出"鼓励保险机构开展知识产权海外侵权责任险、专利执行险、专利被侵权损失险等保险业务"。中国人保、平安财产等保险企业积极实践,陆续推出了相关知识产权海外侵权责任险。中国知识产权海外保险制度刚刚起步,政府的支持对知识产权保险的健康发展和企业国际市场抗风险能力具有重要意义。建议政府加快推进和完善知识产权保险制度,继续与保险机构对接,设计出更多更贴合企业实际需求的保险产品;加大知识产权保险宣传力度,鼓励企业购买知识产权海外侵权责任险,转嫁出口时的潜在知识产权风险,遇到海外知识产权贸易壁垒纠纷时敢于且有实力积极应对,捍卫自身利益;建立政府再保险制度,对风险进行保险,消减保险机构的后顾之忧,使得险企敢于保,进而让更多出口企业受惠,切实为企业开拓国际市场保驾护航。

三、加快制定标准必要专利相关政策,提高国际话语权

在融合技术的迅猛发展和超链接社会的背景下,标准必要专利是不可或缺的技术。主导标准技术和持有标准必要专利的国家和企业可以获得巨额许可费,掌握市场的发展趋势,成为区域经济集团的引领者。以高通为例,高通拥有大量蜂窝网络关键技术和 2G、3G、4G 的标准必要专利,年专利许可费利润

约占公司税前利润的六成。专利实施企业为了实施标准必要专利需要支付巨额的许可费,在市场竞争中处于不利地位。为此,欧盟、美国、日本、韩国等发达经济体均制定了标准必要专利相关政策,并于近年不断修改完善,加快相关产业标准必要专利布局。中国尚未制定专门的标准必要专利政策,相关内容散见于行政法规、部门规章和司法解释之中。因此,建议加快标准必要专利相关政策,组织编写标准必要专利实务指南,梳理研究各产业特别是战略性集群产业标准必要专利情况和专利池许可信息,指导企业积极参与标准必要专利的制定、运用和应对等策略,提高标准必要专利国际话语权。

四、发挥行业组织作用,提升标准必要专利谈判能力

标准必要专利持有人在保护标准技术的同时,可以从实施标准的企业获得标准必要专利许可费,增强标准必要专利权人的市场支配力,持续创造稳定的收益。广东省智能家电产业尽管在照明灯具、电视、空气调节器等技术领域拥有多项专利技术,但在与智能家电相关的半导体器件、电池、芯片等方面专利布局明显落后于外国企业,智能家电产业的标准必要专利多被国际巨头或由国际巨头成立的专利联盟掌握。近年来,标准必要专利的专利权人和广东省智能家电厂商进行标准必要专利许可方面的接触越来越频繁,在智能家电全球市场不断扩容的背景下,中国作为智能家电领域标准必要专利的实施方,必然承担一大笔专利许可费。据了解,广东省有些企业年收益的一半都花在支付标准必要专利许可费上,单一企业与专利联盟谈判毫无议价空间。因此,建议由行业协会组织业内企业,成立由标准技术专家、法务专家、商务专家在内的谈判团队,代表整个产业与专利联盟进行谈判,提出集体降低专利费用,或者通过年度返利的形式降低企业运营成本,提高企业生存能力;根据FRAND公平、合理、无歧视原则对许可费用进行谈判和制约,若发现对方违反该原则,则通过国家相关单位对国际专利联盟进行一定限制,减少专利联盟对企业的干扰和威胁,最大限度地保护企业经济效益和行业利益。

五、强化知识产权管理,提升企业风险应对能力

企业作为海外知识产权贸易壁垒纠纷应对的主体,知识产权管理水平直接影响着出口过程中处理潜在海外知识产权贸易壁垒风险的能力。信息资源的缺失或信息不对称是造成企业遇到海外知识产权贸易壁垒纠纷时难以应对的又一问题。例如,有些智能家电企业的商标在国外被抢注,企业直到准备开拓国际市场时才知道自己的商标早已在当地被注册,为此不得不处理商标被抢注问题而延迟进军国际市场计划等。随着全球贸易争端升级和出口风险加大,企业应逐步建立知识产权常态化监测和预警机制,全面掌握国内外对标企业重点技术领域最新态势、知识产权布局状况和本行业知识产权纠纷情况,重点跟踪、分析研究目标市场知识产权法律和制度变化,关注国际贸易市场动态及消费者的市场需求等。特别是在布局国际市场前,企业应提前进行知识产权布局,全面、准确地分析掌握竞争对手的知识产权状况,做好相关产品的专利情报收集和分析工作,做到"知己知彼,百战不殆"。

在签订出口销售合同之前,建议企业委托专业的知识产权代理机构对目标市场同类或相似产品的知识产权保护情况进行必要的商标查询、专利检索等,提前确定是否存在侵犯目标市场国家相关专利权的可能,或者请专家分析产品在相关国家的专利保护状况。在发现有侵权的可能时,企业可以尝试从原专利权人手中购买专利或者设计替代产品来避免可能涉及的相关侵权问题,降低风险。企业和外国企业签订加工贸易协议之前,也应对外国企业提供的样品或图纸进行知识产权调查,并在合同中约定知识产权免责条款,以减少潜在的知识产权纠纷风险。此外,企业应充分了解国际贸易过程中可能发生的知识产权纠纷类型,包括接到律师函、遭遇临时禁令、遭遇"337调查"、海关执法等,针对不同类型的潜在风险,及早制定应对预案,以备不时之需。

六、加强中小微企业知识产权指导,提升知识产权保护意识

广东省中小微企业数量占全省企业总数的97.64%,实现工业增加值超过

全省规模以上工业企业增加值的一半,是稳经济的重要基础、稳就业的主力支撑。针对中小微企业众多、自主创新能力不足、知识产权保护意识不强等现状,建议政府相关部门加强对中小微企业知识产权指导。一方面,可以通过线上和线下免费培训相结合,加大国外知识产权保护法律制度、企业国际市场知识产权布局等相关知识培训,组织胜诉企业及时分享国际知识产权纠纷胜诉经验和应诉策略等,帮助中小微企业和科研人员提高知识产权认知水平,增强知识产权保护意识,了解并熟悉主要出口市场知识产权法律制度、诉讼流程、应对手段,积累应对海外知识产权贸易壁垒纠纷案件的经验,提升应对能力;另一方面,可考虑组成由技术、知识产权、法律等专家在内的知识产权指导团队,开展一对一的精准服务,帮助企业构建知识产权战略,辅导企业实现自主创新产品的专利保护,强化知识产权内部管理,开拓国际市场之前评估潜在的海外知识产权风险,上市前评估知识产权风险以及企业现有知识产权的运营转化潜力等。特别是对于初创期企业,实施知识产权辅导计划,对于企业知识产权保护意识的培养至关重要,有助于企业未来的规范运营和核心竞争力的提升。

七、加快科技创新,提升企业自主创造能力

创新是引领发展的第一动力。例如,广东省在智能家电温度控制类空气调节器产品专利申请数量和专利技术领域均达到国际水平,美的制冷和珠海格力分别在第 21 届和第 22 届中国专利奖评奖中获得专利金奖。正是由于企业在技术研发方面持续不断地投入,并及时进行知识产权保护,所以广东省空气调节器产品与其他品类相比,在国外遭遇的知识产权贸易壁垒纠纷相对较少。因此,建议企业应继续加大研发投入,加快科技创新,始终坚持把掌握"核心技术"作为安身立命之本,根据行业发展状况和自身能力最大限度地进行专利技术"积累",拓宽技术的广度与深度,壮大专利家族,重视专利的技术价值、法律价值及其战略价值,增强专利等知识产权保护的效益;加强与行业龙头企业、高校和研发机构等多元合作,全力突破关键核心技术,夯实基础研究能

力，提高企业自主创新和协同创新的能力，不断地寻找技术突破点，努力掌握更多具有自主知识产权的核心关键技术，牢牢把握创新和发展主动权，打破国外的技术壁垒，从源头上避免海外知识产权贸易壁垒纠纷；在专利技术创新上善于"借力而为"，充分利用政府、行业协会提供的政策资源、信息资源、人力资源、资金资源等，构建以企业需求为主导，科研院所、服务机构等多方参与的协同体；充分利用好国家对高新技术企业的资金支持、产业扶持，建立资金支持、企业持续性研发产出、产业扶持三者联动创新机制，形成良好的技术研发生态，实现可持续性成长。

综上所述，面对日益频繁、复杂多样的海外知识产权贸易壁垒，加强政企合作，建立政府、企业、协会和服务机构"四位一体"的海外知识产权风险应对机制至关重要。政府应加快建立健全相关知识产权法律制度，探索建立贸易调查制度及其他对等反制措施，为自主创新和知识产权保护提供制度保障；加大研发投入，依托源头性技术突破，加快重点领域关键环节技术攻关，实现技术赶超；积极推进海外知识产权贸易壁垒信息预警与评议工作；完善知识产权保险制度；加强主要出口市场知识产权政策跟踪研究，增强风险预判能力并及时向公众发布；积极参与制定国际知识产权规则，提升国际话语权。企业应树立知识产权保护意识，加强自主创新和技术研发，积极参与行业、国家甚至国际标准的制定，抢占产业发展制高点，争做技术标准的主导者；积极应对海外知识产权贸易壁垒纠纷，在应对中不断成长，增强自身抗风险能力；积极组织内部知识产权培训，参加外部峰会，提升自身能力建设。协会应充分发挥行业组织作用，积极组织各种主题的知识产权培训和交流活动，增进企业间的学习交流；组织涉案企业共同应对海外知识产权贸易壁垒纠纷或参与专利许可费谈判，降低风险应对成本。服务机构应提高对海外知识产权风险的预判能力并及时向客户分享信息，量身定制应对方案，提供专业意见。通过多方合作，多管齐下，全面提升知识产权创造、运用、保护、管理和服务水平，有力支撑经济社会高质量发展。

第六章

智能家电产业海外知识产权贸易壁垒案例分析

前五章从广东省智能家电产业发展、出口市场和全球专利布局现状出发,详细梳理了智能家电产业主要出口市场的市场准入政策和知识产权保护政策,同时将技术性贸易壁垒与知识产权壁垒结合,依托2010—2021年广东省智能家电企业涉美知识产权调查案例信息和知识产权诉讼数据库,分析总结智能家电产业在国际市场竞争中遭遇的主要知识产权贸易壁垒类型,分析了各种类型壁垒出现的主要原因及其影响,并就企业应对过程中存在的主要问题,提出有针对性的应对建议。

本章基于广东省智能家电各个产业链涉及海外知识产权贸易壁垒的典型案例,深入剖析涉案的缘由、应诉方式、应诉效果等,归纳总结出口企业应对海外知识产权贸易壁垒的策略,供出口型企业参考和借鉴。

第一节　家用电力器具制造领域典型案例分析（337-TA-1057）

一、案情介绍

2017年4月18日，美国 iRobot 公司根据美国《1930年关税法》第337节规定向美国国际贸易委员会提出申请，主张对美出口、在美进口及在美销售的特定扫地机器人及其组件侵犯了其专利权（美国专利注册号为6809490、7155308、8474090、8600553、9038233和9486924），请求美国国际贸易委员会发布有限排除令和禁止令。

被申请人为包括深圳市智意科技、银星智能在内的11家企业。

2017年5月23日，美国国际贸易委员会对特定扫地机器人及其组件启动"337调查"，并确定调查编码为337-TA-1057。

最终，申请人 iRobot 公司与被申请人智意科技达成和解协议；而被申请人银星智能的结果相对较为曲折，先被美国国际贸易委员会针对侵犯美国注册专利号9038233的行为发布了有限排除令，基于该结果，银星智能向委员会提出了启动咨询意见程序申请，委员会同意启动该程序，基于申请人 iRobot 公司与被申请人银星智能提交的联合申请（即已和解），委员会发布撤销程序，取消之前发布的有限排除令。该案例将以智意科技作为对象进行分析说明。

（一）当事双方及行业背景

1. 申请人

iRobot 公司是一家全球知名的军用和消费类机器人研发与制造公司，由美国麻省理工学院教授罗德尼·布鲁克斯、科林·安格尔和海伦·格雷纳于1990年创立，总部设于美国马萨诸塞州，并在美国、欧洲和亚洲设有办事处。❶自 2002 年推出 Roomba 扫地机器人以来，iRobot 公司已售出超过 3500 万台机器人，成为全球领先的消费机器人公司。iRobot 公司的产品线，包括 Roomba 和 Braava 系列机器人拖把，在清洁、测绘和导航方面采用专有技术和先进概念。2021 年，iRobot 公司创造了 15.65 亿美元的收入，比 2020 年（14.30 亿美元）增长 9.44%，拥有 1400 万客户，比 2020 年增长 44.00%，雇员超 1200 名。❷产品范围涵盖扫地机器人、擦地机器人等家用机器人，以及战场侦察及炸弹处理用的军用机器人。

如图 6-1 和图 6-2 所示，据不完全统计，截至 2021 年 12 月 31 日，iRobot 公司所拥有的已公开或公告的专利申请总量 1700 余件，年均专利申请量维持在近百件，已授权且仍维持有效状态的专利占 59.05%。

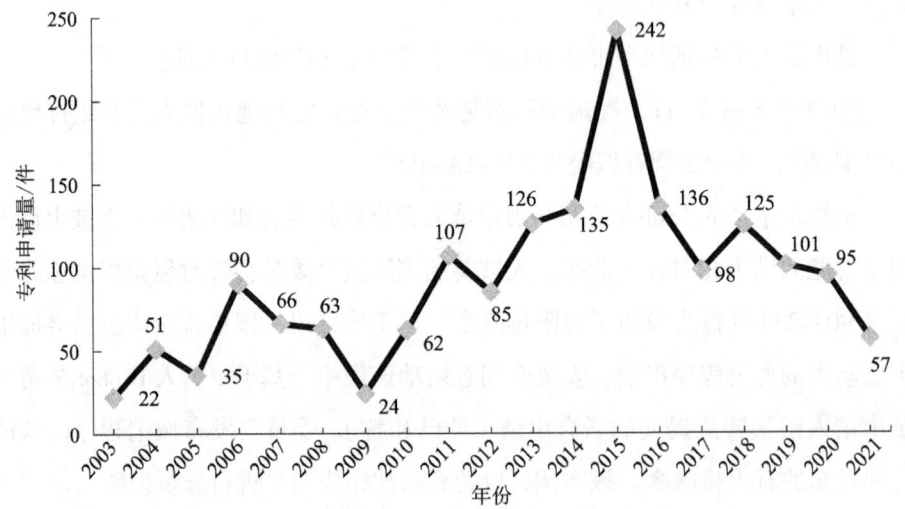

图 6-1　iRobot 公司专利申请量年度变化趋势 ❸

---

　　❶ iRobot Corporation.Corporate Profile［EB/OL］.［2022-04-28］.https://investor.iRobot.com/corporate-profile.

　　❷ iRobot Corporation.iRobot Reports Fourth-Quarter and Full-Year 2021 Financial Results［EB/OL］（2022-02-26）［2022-04-28］.https://investor.iRobot.com/news-releases/news-release-details/iRobot-reports-fourth-quarter-and-full-year-2021-financial/.

　　❸ Incopat 专利检索平台，检索公式：(AP=（"美国 irobot 公司" OR "irobot Corporation" OR "irobot CORPORATION"）) OR (PATENTEE=（"美 国 irobot 公 司" OR "irobot Corporation" OR "irobot CORPORATION"）)，检索日期：2022-05-17。

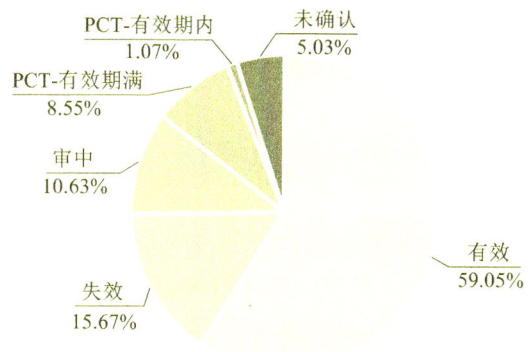

图 6-2　iRobot 公司专利法律状态分布

如图 6-3 所示，iRobot 公司在全球 16 个国家或知识产权组织申请了专利。其中，在美国专利布局占比最多，达 47.80%，其次分别为欧洲专利局、世界知识产权组织以及中国，占比分别为 14.42%、12.22% 及 8.20%。

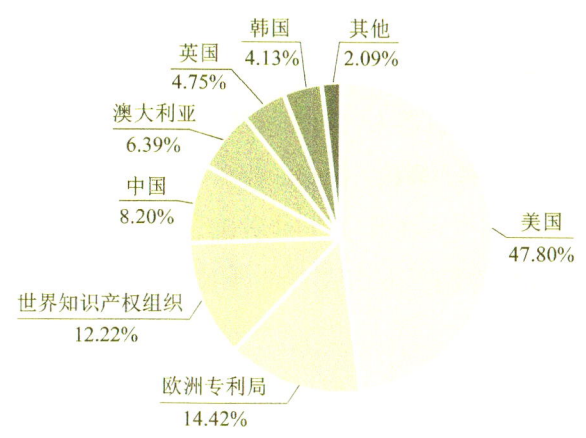

图 6-3　iRobot 公司专利申请地区分布

2. 被申请人

智意科技创立于 2012 年，是一家保洁机器人制造商，总部位于深圳。自 2010 年在深圳设立首个扫地机器人研发中心、正式启动保洁机器人研发项目以来，智意科技逐步形成了以香港、深圳、广州为研发中心，以深圳、广州、中山为制造基地，并在俄罗斯圣彼得堡、德国埃森、美国圣路易斯、西班牙马德里、以色列特拉维夫、新西兰奥克兰等地建立海外仓及服务中心的全球发展和服务格局❶，其销售市场覆盖了亚洲、欧洲及美洲，产品遍及中国、日本、澳大利亚、德国、意大利、西班牙、俄罗斯、美国、法国、英国、巴西等全球 30 多个国家和地区。

智意科技的扫地机产品在海内外市场表现抢眼，荣获"全球速卖通 2017—2018 年度十大出海品牌"；在亚马逊平台，智意科技的产品在美国、英国、意大利、法国、西班牙、日本、澳大利亚、加拿大等多个站点均获得良好业绩。❷

智意科技从 2013 年开始布局专利，据不完全统计，截至 2021 年 12 月 31 日，其所拥有的已公开或公告的专利 108 件。其中，中国 94 件，世界知识产权组织 9 件，欧盟 3 件，美国 2 件，已授权且仍维持有效状态的专利占 78.70%。❸

（二）提出申请

1. 涉及技术及专利介绍

该案涉及产品为扫地机器人，扫地机器人是由多个子系统协调同步工作的大系统，其中涉及规划、算法、清扫、传感器系统、定位导航等技术。该案所涉及的专利包括美国专利注册号为 6809490、7155308、8474090、8600553、9038233 和 9486924 的专利，下面仅对涉及被申请人智意科技的专利进行介绍。

涉案专利 US8600553（以下简称"553 专利"），专利名称为覆盖机器人的移动性（Coverage Robot Mobility），申请日为 2007 年 6 月 5 日，于 2013 年 12 月 3 日获得授权，iRobot 公司通过权利转让获得该专利的专利权。

该专利大体上描述了一种自主机器人驱动系统，通过感测到障碍物的存在

---

❶ 智意科技．智意机器人简介［EB/OL］．［2022-06-21］．https://www.iliferobot.cn/about．

❷ ILIF．智意扫地机器人在全球市场表现如何？［EB/OL］（2018-07-20）［2022-06-21］．https://www.sohu.com/a/242306476_617965．

❸ Incopat 专利检索平台，检索公式：(AP=("深圳 iliferobot 公司" OR "iliferobot Corporation" OR "Shenzhen ZhiYi Technology Co., Ltd.")) OR (PATENTEE=(AP=("深圳 iliferobot 公司" OR "iliferobot Corporation" OR "Shenzhen ZhiYi Technology Co., Ltd."))，检索日期：2022-06-17．

和碰撞以改变机器人的运动行为。例如，机器人可以检测到障碍物在其路径中的存在并减速，然后在发生实际接触时进一步更改其运动方向。

涉案专利 US6809490（以下简称"490 专利"），专利名称为用于自主机器人的多模式覆盖的方法和系统（Method and System for Multi-mode Coverage for an Autonomous Robot），申请日为 2002 年 6 月 12 日，于 2004 年 10 月 26 日获得专利权，iRobot 公司通过权利转让获得该专利的专利权。

490 专利大体描述了一种用于移动机器人的控制系统，该控制系统包括不同类型的运动"模式"，如随机反弹，障碍物跟随和点覆盖；控制系统可以使机器人进入不同的模式，以增加如用于清洁目的的占地面积。

涉案专利 US8474090（以下简称"090 专利"），专利名称为自动地板清洁机器人（Autonomous Floor-Cleaning Robot），申请日为 2008 年 8 月 29 日，于 2013 年 7 月 2 日获得专利权，iRobot 公司通过权利转让获得该专利的专利权。

090 专利大体描述了一种具有传感器、运动装置、旋转刷和用于接收灰尘和其他微粒的可移动箱的地板清洁机器人的结构。更具体地说，有两个旋转刷相互配合以将微粒导向可移动垃圾箱，其中将轮子放置在偏向地面的电枢末端。

涉案专利 US9038233（以下简称"233 专利"），专利名称为自动地板清洁机器人（Autonomous Floor-Cleaning Robot），申请日为 2012 年 12 月 14 日，于 2015 年 5 月 26 日获得专利权，iRobot 公司通过权利转让获得该专利的专利权。

233 专利与 090 专利均是 US10/818073、US10/320729 的完全接续案，如 090 专利一样，233 专利描述了一种具有传感器、运动装置、旋转刷和用于接收灰尘和其他微粒的可移动箱的地板清洁机器人的结构。更具体地说，有两个旋转刷相互配合，以将微粒引向可移动垃圾箱。在这些可移动垃圾箱中，这些电刷中的一个被放置为穿过悬崖传感器光束。

具体而言，智意科技被指控的产品包括 iLife V3s、V3s Pro、V5s、V5s Pro，iLife A4、A4s、A6，及 iLife X751、X781。

2. 具体救济请求

申请人要求美国国际贸易委员会对被申请人发布有限排除令和禁止令。

（三）立案调查

2017年5月23日，美国国际贸易委员会投票决定正式对该案启动"337调查"并指定行政法官。

（四）应诉

智意科技聘请了美国GT国际律师事务所（Greenberg Traurig, LLP）作为其代表，对本次"337调查"应诉。

（五）调查过程

2017年9月25日，行政法官（Administrative Law Judge，ALJ）举行了技术教程和马克曼听证会。

2018年3月9日至14日，行政法官进行了举证听证会，在听证会前后，行政法官收到了申请人与被申请人各方的简报。

2018年6月25日，行政法官初步裁定，认定553专利和233专利违反了第337条规定，而490专利和090专利没有违反，具体如下。

对于553专利，行政法官认为：①智意科技直接侵权权利要求1和4，但不包括权利要求11、12、13和22；②智意科技没有诱导或促成对该专利的侵权；③iRobot公司满足了国内行业的技术要求；④权利要求1，但不是权利要求11和12，因预见性而无效；⑤权利要求4、12、13、22没有因显而易见性而无效。

对于490专利，行政法官认为：①智意科技直接侵犯了权利要求42，但没有侵犯权利要求1和12；②智意科技没有诱导或促成对该专利的侵权；③iRobot公司满足了国内行业的技术要求；④权利要求1，但不是权利要求12，因预见性而无效；⑤权利要求12和42没有因不确定性而无效。

对于090专利，行政法官认为：①智意科技直接侵犯了权利要求1、2、3、5、7和10，但没有侵犯权利要求17；②智意科技没有诱导或促成对该专利的侵权；③iRobot公司满足了国内行业的技术要求；④权利要求1、5、7、10和17没有因预见性而无效；⑤考虑到某些现有技术组合，权利要求1、2、

3、4、5、7、10 和 17 因显而易见性而无效。

对于专利 233 专利，行政法官认为：①智意科技直接侵犯了权利要求 1、10、11、14、15 和 16；②智意科技没有诱导或促成对该专利的侵权；③iRobot 公司满足了国内行业的技术要求；④权利要求 1、10、11、14、15 和 16 并没有因为预见性、显而易见性或缺乏书面说明而被判无效。

2018 年 7 月 9 日，iRobot 公司和被申请人各自对初裁中的各种发现提交了复审申请，并于 7 月 17 日各自提交了针对复审申请的答复。

2018 年 7 月 16 日，委员会确定 iRobot 公司满足了国内行业的经济要求。

2018 年 9 月 12 日，委员会决定对初裁进行复审，特别地，委员会决定对如下内容进行复审：①对 553 专利，490 专利，090 专利和 233 专利的诱导和共同侵权；② 553 专利所主张权利要求的预见性；③ 553 专利所主张权利要求的显而易见性；④ 智意科技对 090 专利的直接侵权；⑤ 090 专利所主张权利要求的预见性；⑥ 090 专利所主张权利要求的显而易见性；⑦ 233 专利所主张权利要求的预见性；⑧ 考虑美国专利 6594844 作为 233 专利的现有技术。

2018 年 9 月 19 日，基于和解协议，iRobot 公司提出无异议的动议以终止对智意科技的调查，并且由于 553 专利仅针对智意科技提出主张，因此根据 553 专利提出的所有诉讼的主张均属无效。

（六）初裁

2018 年 9 月 19 日，行政法官做出初裁决定，同意申请人 iRobot 公司提出无异议的动议，即同意根据和解协议终止针对被申请人智意科技的调查。

（七）终裁

2018 年 10 月 2 日，美国国际贸易委员会发布终裁：基于申请方提出的和解动议，对该案行政法官于 2018 年 9 月 19 日作出的初裁不予复审，即终止对智意科技的调查。

二、案例解析

（一）申请人策略分析

1. 申诉时机

iRobot 公司在 2016 年退出了非消费类业务而只专注家用产品，但 2016 年的销售额同比 2015 年实现了 36.00% 的增长❶，其市场覆盖北美、欧洲、中东及亚洲等地，在全球市场占有率超过 60.00%；其中，在美国市场占有率高达 80.00% 以上❷，其产品售价为 299.99~899.99 美元不等。

根据 2016 年全年财务业绩报告，2017 年作为 iRobot 公司消费类业务的第一个全年，预计年收入要比 2016 年增长 17.00%~19.00%。为了推动收入增长，iRobot 公司要在美国市场取得更深的家庭渗透率，以及加速国际市场份额的增长，通过提高运营效率和市场规模来实现 2017 年的业绩。

与此同时，智意科技以自主品牌的扫地机器人产品作为主打产品，将亚马逊海外站点作为销售渠道以打开自有产品的国际市场。当时，亚马逊海外站点上扫地机器人定价普遍在 300 美元以上，有的甚至高达 700~800 美元，而智意科技以低于现有市场售价的 150~200 美元价格区间投入美国市场，因其高性价比和低返修率赢得了亚马逊美国站"扫地机器人"类目第三名的成绩，其自有品牌 iLife 也荣获 2016 年亚马逊全球开店"最佳新生品牌"奖。❸ 自此，智意科技通过跨境电商在美国市场迅速崛起，成功进入美国主流电商市场。

基于智意科技以打价格战来抢占美国市场，这一策略不仅降低了行业利润，而且还对 iRobot 公司在美国的市场份额造成一定影响。为了维护自己的美国业务，对于拥有 1700 余件专利且专利主要布局在美国的 iRobot 公司而言，

---

❶ iRobot Corporation.Reports Fourth-Quarter and Full-Year Financial Results［EB/OL］.（2017-02-08）［2022-06-21］.https://iRobotcorporation.gcs-web.com/news-releases/news-release-details/iRobot-reports-fourth-quarter-and-full-year-financial-results-4.

❷ 高工机器人网.十家国外机器人上市公司 2016 年度业绩大比拼［EB/OL］.（2017-02-20）［2022-04-28］.https://www.gg-robot.com/asdisp2-65b095fb-60004-.html.

❸ 搜狐网.ILIFE 扫地机器人凭借"中国智造"打入美国市场［EB/OL］.（2017-03-05）［2022-04-28］.https://www.sohu.com/a/128940744417809.

专利维权是国内美国工业与被申请人对抗的强有力的手段,因此 iRobot 公司向被申请人采取了时间进程快、惩罚措施严厉的"337 调查",要求美国国际贸易委员会对被申请人进行制裁,并且阻止进口的扫地机器人进入美国市场。

2. 专利储备

该案中,申请人 iRobot 公司起诉的 6 件专利授权时间横跨 12 年,最早可追溯至 2004 年;从其专利内容来看,所涉领域包括扫地机器人的模式控制、障碍识别、移动控制以及远程操控等,基本覆盖了扫地机器人可能所涉及的大部分技术或特征,总体来说,申请人 iRobot 公司对于本次调查准备充分。

如表 6-1 所示,337-TA-1057 案涉案专利具有一定数量的简单同族专利和扩展同族专利,表面对于相似技术的保护较为全面,形成了专利池效应。专利 US6809490 的名称为"用于自主机器人的多模式覆盖的方法和系统",涉及扫地机器人控制模式的改进。该专利的扩展同族达 249 件,DocDB 同族 57 件,被引用量达到 482 次❶,在技术上涉及较为基础的技术层面,从同族专利数可以看出该专利技术对于 iRobot 公司十分重要,是重点保护的对象。

表 6-1 337-TA-1057 案涉案专利的同族专利统计

涉案专利	简单同族❷专利数/件	扩展同族❸专利数/件	DocDB 同族❹专利数/件
US8600553	8	204	27
US8474090	2	249	28
US6809490	2	249	57
US9038233	9	249	28

---

❶ Incopat. 专利检索[EB/OL].[2022-05-28].https://www.incopat.com/detail/init#1.

❷ 简单同族专利(Simple Patent Family):指一组同族专利中所有专利都以共同的一个或几个专利申请为优先权。

❸ 扩展同族专利(Extended Patent Family):指一组同族专利中每个专利至少与另一个专利以一个共同的专利申请为优先权。

❹ DocDB 同族:即 INPADOC 同族,是基于扩展同族逻辑,根据欧洲专利局自己的数据源处理而来的同族数据。例如:一件重要的专利往往在不止一个国家被申请,这些申请有些并不一定完全相同,之间可能有一些技术点的变化和延展,根据欧洲专利局的定义,这些专利集的组合称之为 INPADOC 同族。

3. 诉讼目的

这场专利诉讼的起因，本质是 iRobot 公司为了保有其在美国扫地机器人市场的占有率而发起的贸易战。根据市场研究公司中怡康公布的数据，2016 年中国内资品牌市场份额占到八成，外资品牌占两成，而中国市场的特点主要表现为线上市场很发达，线上市场占据八成份额，而外资品牌以线下渠道为主❶，因此决定了 iRobot 公司在中国市场占有率并不高。

在这种市场形势下，在美国作为一线品牌的 iRobot 公司就必须采取一些行动来巩固其在美国市场的地位。而此时，iRobot 公司在美国市场也面临着来自中国企业的竞争危机。根据 iRobot 公司财报，虽然其 2016 年销售额较 2015 年有所增长，但是增速放缓，利润也在下滑，2016 年利润 41.9 亿美元，比 2015 年减少 2.2 亿美元。

同时，随着扫地机器人智能化技术的突破，扫地机器人产品的体验也得到极大提升，而且产品的成本显著减小，结果就导致扫地机器人产品的售价大幅度降低，对 iRobot 公司高价产品带来不小的冲击，也严重影响了 iRobot 公司产品的利润。

由此不难看出，为了巩固自身在美国市场的地位和产品利润，iRobot 公司挥起专利武器来狙击竞争对手，发动了此次"337 调查"。

（二）被申请人策略分析

1. 积极应诉

被申请人智意科技积极应诉，在立案数十天内，即 2017 年 6 月 12 日，提交了一份针对立案申请书的答复。其中，初步提出了以下辩护策略：无效抗辩、不侵权抗辩、禁止反悔原则/免责声明、缺乏国内产业、缺乏资格等。

此外，智意科技对 iRobot 公司采取了一系列反击动作。如智意科技在美国德克萨斯西区联邦地区法院对 iRobot 公司提起诉讼（Shenzhen ZhiYi Technology Co. Ltd. v. iRobot Corporation，案号 1：18-cv-01084）；iRobot 公司在美国联邦

---

❶ 闵杰. 扫地机器人专利战打响中国厂商如何应对[J]. 河南科技，2017（20）：29-30.

巡回上诉法院诉美国国际贸易委员会案件（IRobot Corporation, Appellant v. International Trade Commission, Appellee Shenzhen ZhiYi Technology Co. Ltd., DBA ILIFE, Intervenor, 案号：2018-1690）中，作为被上述一方进行干预；智意科技在美国专利审查和上诉委员会提出专利复审程序（案号分别为：IPR2017-02050、IPR2017-02061、IPR2017-02078、IPR2017-02133、IPR2017-02137、IPR2018-00005）；此外，在进行调查的过程中，被申请人与申请人积极磋商讨论，如早在2018年1月9日，iRobot公司代表就与智意科技进行了第三次和解协商，虽然此次协商未达成协议，但促进了双方的有效沟通。

2. 寻求专利权无效

在积极应对该案调查的同时，被申请人还分别于2017年9月5日、9月6日、9月21日和10月2日就美国国际贸易委员会程序中涉及的专利US9038233、US6809490、US8600553、US7155308、US9486924及US8474090，向美国专利审查和上诉委员会提出了专利权无效申请，但涉案的四项专利均未被无效，即美国专利审查和上诉委员会仍然维持专利权有效。

3. 寻求复审支持

被申请人不认同行政法官在初裁中的决定，认为行政法官错误地确定申请人iRobot公司证明了有关iLife产品关于490和090专利的侵权；并错误地确定被申请人没有证明553专利和233专利的主张是无效的；以及错误地确定iRobot公司满足了国内行业要求的经济要求，请求复审。

但是，双方在美国国际贸易委员会决定复审后一周内和解，相关的复审程序因此被终止。

（三）案件特点

该案中，被申请人智意科技通过与iRobot公司不断地协商、利用商业谈判达成了和解，缩短了案件处理的时间，降低了成本。当被申请人成功脱身时，该案其他被申请人仍处于纠纷之中，就美国律师费用一项已是一笔不小的开支。

同时，在调查一开始，被申请人就积极应诉；调查过程中，被申请人从多个方面采取行动，如提起涉案专利的专利复审程序、对申请人提起诉讼等，多方牵制申请人并给申请人施压，最后被申请人以高额的专利许可费、部分产品直接或通过第三方限制进口到美国或进口销售为代价，换取了与申请人之间的握手言和，双方达成和解，实现双赢。

（四）案件结果的原因分析

虽然智意科技分别对 233 专利、490 专利、553 专利及 090 专利提出无效请求，但均未成功，涉案专利仍然维持有效状态。对于已打开美国市场，在美国市场迅速崛起并占有一席之地的智意科技而言，选择和解方式结束此次诉讼，既能保障自身产品在美国市场的正常销售，也有利于维持自身在国际市场的良好形象，相比因专利侵权违反第 337 节规定而被发布的有限排除令和禁止令的结果而言，寻求和解也许对双方是一个双赢的选择。

（五）案件点评

其一，企业要高度重视知识产权。在新产品开发之前，甚至只是萌生产品概念时就应对现有技术进行检索，特别是针对目标市场国或地区，使技术人员充分了解相关技术发展趋势及专利布局现状，在现有技术基础上实现自主创新，并及时将创新成果进行专利保护和国际市场布局，保护核心专利的知识产权，把握技术热点情况。

其二，知己知彼，才能百战不殆。企业在新产品开发和研究过程中，除了做好专利分析和专利预警，还应对竞争对手专利技术进行分析研究，准确掌握整个技术领域和竞争对手的技术和专利布局情况，并通过技术规避、市场布局、风险研判等分析做好风险筛查与预警，降低潜在的侵权风险，做到知己知彼。这样即便遇到竞争对手发起的"337 调查"，也能临阵不乱、及时回应，在有限时间内检索到最接近的现有技术，或者清楚地知晓对手专利申请过程中存在的不正确的地方，有利于企业快速制定应对策略，对侵权诉讼中的抗辩陈述和专利无效申请起到重要作用。

第二节 照明器具制造典型案例分析（337-TA-1114）

一、案情介绍

2018年3月27日，美国Ultravision公司根据美国《1930年关税法》第337节规定向美国国际贸易委员会提出申请，主张对美出口、在美进口及销售的特定光引擎及其组件侵犯了其专利权（美国专利注册号为9349306、US9916782）。Ultravision公司请求美国国际贸易委员会发布普遍排除令，或者有限排除令、禁止令，并于2018年4月16日，提交了修改后的申请书。

被申请人包括北京利亚德公司、上海三思公司、深圳艾比森、奥拓电子、创显光电、金立翔视效、雷曼光电、联建光电、迈锐光电、建达强、洲明科技和元亨光电等在内的40家企业。

2018年5月24日，美国国际贸易委员会对特定模块化LED显示面板及其组件启动"337调查"，并确定调查编码为337-TA-1114。最终，申请人Ultravision公司撤诉，提出的基于撤回有效的投诉（Operative Complaint）而终止整个调查的动议，即委员会同意基于撤回投诉，终止针对所有被申请人的调查。

（一）当事双方及行业背景

1. 申请人

Ultravision公司成立于2014年，总部位于美国得克萨斯州，其前身为首席执行官William Hall于2010年成立的Ultravision Holdings公司。Ultravision公司长期致力于LED显示屏的研发，以及商业高效数字视频显示器、LED照明和LED数字广告显示屏的设计、制造和营销，并且十分重视知识产权，积极通过专利来保护其创新技术和产品。

据不完全统计，截至2021年12月31日，Ultravision公司所拥有的已公开或公告的专利申请总量有82件（图6-4），全部为发明专利，有效专利为52件（图6-5）。Ultravision公司的专利主要分布在美国，其在美国的专利申请量占比为 90.51%，目前仅在澳大利亚、加拿大、英国、世界知识产权组织和欧洲专利局申请了少量的专利保护（图 6-6）。Ultravision 公司所拥有的专利中，有超过 50 项与模块化 LED 显示屏以及户外 LED 照明有关。❶

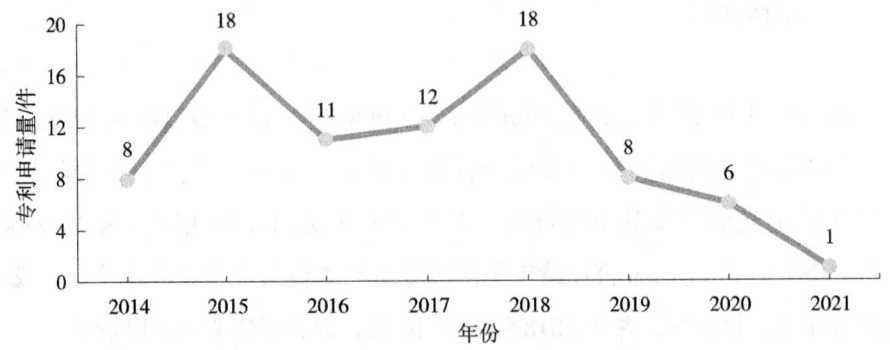

图 6-4　Ultravision 公司专利申请量年度变化趋势

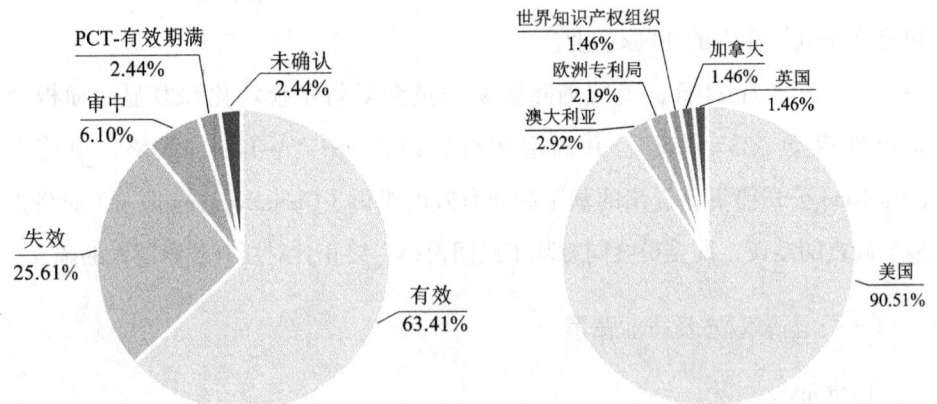

图 6-5　Ultravision 公司专利申请法律状态分布　　图 6-6　Ultravision 公司专利申请地区分布

2. 被申请人

该案中，洲明科技主动联合了同时被诉的联建光电、奥拓电子、雷曼光电、元亨光电四家广东省企业及上海三思公司、北京利亚德公司共同应诉，最终迫使申请人无条件撤诉，终止调查。该案以洲明科技为主要研究对象进行

---

❶ Ultravision Holdings.news［EB/OL］.（2020-03-18）［2022-06-21］.https://www.ultravisioninternational.com/news/2020/03/18/uvi-news-ultravision-international-patent-infringement-lawsuits-for-modular-led-digital-displays/.

分析。

洲明科技成立于 2004 年，是一家以光显技术为核心的 LED 显示与照明产品及光显解决方案制造商，总部位于深圳。洲明科技专注产品和技术创新，除在本土外，在日本、美国均设有研发中心，其经销网络遍及全球 160 多个国家，拥有 3000 余家销售渠道和服务网点渠道，先后获得多项重要荣誉。在海内外工业设计方面，洲明科技产品多次获得德国"IF 金奖""红点设计大奖""金点设计奖"等国际设计奖项。❶

洲明科技坚持自主研发，近十年来海内外专利申请量不断增长。如图 6-7、图 6-8 和图 6-9 所示，据不完全统计，截至 2021 年年底，洲明科技所拥有的已公开或公告的专利申请总量有 1446 件，累计获得海内外授权专利 1500 余项，已授权且维持有效状态的专利占 65.11%。洲明科技在 10 个国家和地区进行了专利布局，其中，中国、世界知识产权组织、美国的专利申请量分别占 81.02%、8.13%、3.47%。❷

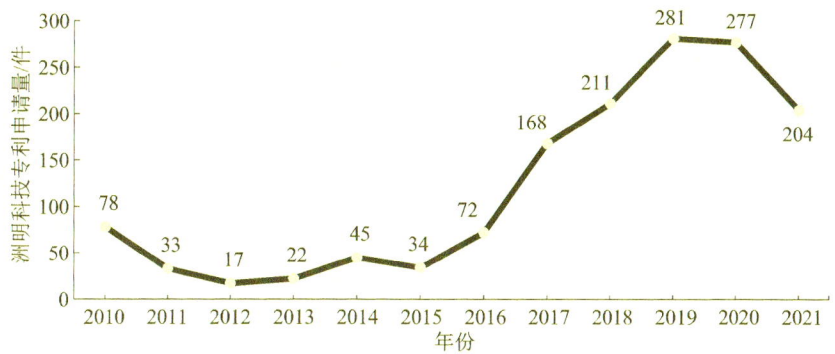

图 6-7 洲明科技近十年专利申请趋势

---

❶ 洲明科技股份有限公司.公司简介［EB/OL］.［2022-05-31］.https://www.unilumin.cn/about/zhoumingjianjie.

❷ Incopat 专利检索平台检索公式：（AP=（"中国 Unilumin 公司" OR "Unilumin Corporation" OR "Unilumin CORPORATION" OR "Unilumin Group Co., Ltd." OR "中国洲明科技"））OR（PATENTEE=（"中国 Unilumin 公司" OR "Unilumin Corporation" OR "Unilumin CORPORATION" OR "Unilumin Group Co., Ltd." OR "中国洲明科技"））检索日期：2022-06-17。

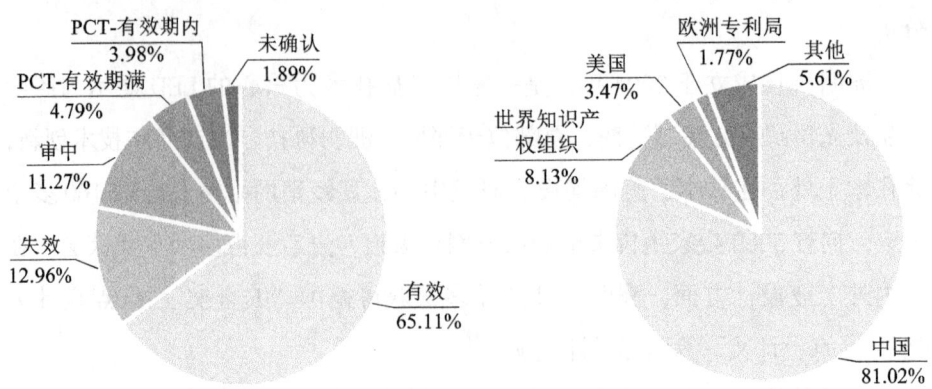

图6-8 洲明科技专利申请法律状态分布　　图6-9 洲明科技专利申请地区分布

同时，洲明科技也在100多个国家和地区进行了商标布局，并参编国际标准、国家标准、行业标准等90余项❶，在业内率先开启智慧照明等技术与产业化进程。

（二）提出申请

1. 涉案技术及专利介绍

该案涉及模块化LED显示面板技术。模块化LED显示面板是使用内置于面板中的发光二极管的数字显示器，可以将其组装成大型阵列或安装于各种尺寸的设备，如小型广告牌或标牌、运动队的记分牌或数字显示器、大型LED显示屏等。涉案专利包括美国专利注册号为9349306和9916782的专利。

涉案专利US9349306（以下简称"306专利"），专利名称为模块化显示面板（Modular display panel），申请日为2015年9月10日，于2016年5月24日获得授权，该专利是2014年7月28日美国专利申请US14/444719的完全接续案，拥有美国临时专利申请US62/025463和US61/922631的优先权。

306专利描述了一种无柜、防水、模块化的LED显示面板，这种显示面板被设计成可以十分容易和快速地集成到一个由任意数量的单个模块化LED显示面板组成的更大的LED显示屏。该模块化显示面板本身具有一个安装在印

---

❶ 洲明科技股份有限公司. 公司简介[EB/OL]. [2022-05-31]. https://www.unilumin.cn/about/zhoumingjianjie.

刷电路板上的由百叶窗分隔的 LEDs 组成的前侧栅格，该栅格位于包含其他组件的外壳内。此外，306 专利还公开了一种机械支撑结构，可以在该机械支撑结构上安装这种模块化 LED 显示面板以形成集成的显示屏。

该案中，Ultravision 公司最初主张被申请人侵犯了 306 专利的以下权利要求：1、3-10、12-14、16-19、21-23 和 25-27。但在调查过程中，Ultravision 公司陆续撤回了对部分权利要求的指控，最终仍主张被侵权的权利要求：21-23、25、27。

涉案专利 US9916782（以下简称"782 专利"），专利名称为模块化显示面板（Modular display panel），申请日为 2016 年 12 月 05 日，于 2018 年 3 月 13 日获得授权。该专利是美国专利申请 US14/850，632、US15/162439、US14/444，719 的延续申请，与 306 专利一样拥有美国临时专利申请享有 US61/922631 的优先权。

该专利同样描述了一种可以容易和快速集成到由任意数量的单个模块化 LED 显示面板组成的更大的 LED 显示屏的无柜、防水、模块化的 LED 显示面板。该模块化显示面板本身具有一个安装在印刷电路板上的由百叶窗分隔的 LEDs 组成的前侧栅格，该栅格位于包含其他组件的外壳内。782 专利还公开了用于保护面板免受环境影响的各种结构，以及使面板具有热效率的特定材料。

该案中，Ultravision 公司最初主张被申请人侵犯了 782 专利的以下权利要求：1-6、9-14、16 和 22-28。在调查过程中，Ultravision 公司陆续撤回了对部分权利要求的指控，最终仍主张被侵权的权利要求：1、3-6、9-10、12-14、16、22、24-25、28。

2. 具体救济请求

申请人要求美国国际贸易委员会在调查后发布普遍排除令，或者发布有限排除令以及禁止令。

（三）立案调查

2018 年 5 月 24 日，美国国际贸易委员会决定正式对该案启动"337 调查"并指定行政法官。

(四)应诉情况

洲明科技、联建光电、奥拓电子、利亚德和金立翔聘请了飞翰律师事务所作为其代表,联合应对本次"337调查"。

创显光电、三思和元亨电子共同委托美国奥睿律师事务所(Orrick Herringto & Sutcliffe, LLP)、艾比森委托高赢国际律师事务所(Goodwin Procter, LLP),雷曼光电聘请了 美国昆毅律师事务所(Quinn Emanuel Urquhart&Sullivan, LLP)分别作为其代表进行应诉。

而迈锐光电和建达强未应诉。

(五)调查过程

2018年7月2日,洲明科技提交了一份针对申请人的投诉书的答复。其他被申请人也在规定时间内提交了各自的投诉答复。

2018年7月2日,申请人Ultravision公司、被申请人洲明科技等和不公平进口调查办公室(OUII)的调查律师三方共同提交了针对初步裁定中行政法官确定的主题的联合发现声明,确定如下内容:①在美国国际贸易委员会调查通知所确定的一般性问题的框架内拟议的要解决的问题,以及各方同意的任何规定;②各方打算提交的以证明自己的案件的资料和证据的说明;③各方将向其他方和第三方寻求的具体资料和证据的说明;④拟议的时间表,以便各方在不使用正式发现方法的情况下迅速交换信息和证据;⑤各方都认为只能通过证词、询问、传票或要求准入才能获得的信息和证据的描述;⑥拟议的程序时间表,其中包括提交发现截止日期、提交听证会前陈述和简报、直接展示以及听证会前会议和听证会的日期。

2018年8月27日,行政法官签发部分初裁结果,裁定建达强缺席。9月18日,美国国际贸易委员会决定不复审行政法官签发的部分初裁结果。

2018年8月30日,申请人Ultravision公司、被申请人洲明科技等和不公平进口调查办公室调查律师三方共同提交了共同的权利要求解释表,确定了涉案专利中各方均同意的术语的解释,各方提出的对每个有争议的术语的解释以及各方确定的10个最重要的需要解释的术语。

2018年9月4日，行政法官签发部分初裁结果，裁定迈锐光电缺席。9月26日，美国国际贸易委员会决定不复审行政法官签发的部分初裁结果。

2018年9月10日，不公平进口调查办公室调查律师提交了其认为可以构成涉案专利现有技术的专利申请；洲明科技等被申请人提交了其认为可以构成涉案专利现有技术的现有技术出版物清单，以及在涉案专利优先权日之前就公开、使用或销售的现有技术产品清单。

2018年9月13日，不公平进口调查办公室调查律师提交了其暂定的证人名单，并表明其目前不打算传唤任何证人出席听证会；洲明科技等被申请人提交了其暂定的将在听证会上作证的证人名单，以及专家证人的身份鉴定材料；申请人Ultravision公司提交了其暂定的将在听证会上作证的证人名单，并在9月14日提交了专家证人的身份鉴定材料。

2018年10月10日，洲明科技等被申请人提出超时取得第三方证词，以及缩短申请人回应时间的动议。

2018年10月10日和16日，申请人Ultravision公司分别提交了反对缩短回应时间和反对超时取得第三方证词的动议。

2018年10月11日，洲明科技等被申请人提出修改其针对Ultravision公司修改后的投诉书，以及调查通知书的答复和主张其他抗辩的动议，认为由于不公平的行为、专利权滥用、不洁之手和/或不恰当的发明权，涉案专利的权利要求是不可执行的。10月22日，不公平进口调查办公室调查律师回复支持洲明科技等被申请人关于修改投诉答复和主张其他抗辩的动议，而Ultravision公司提交了反对被申请人修改投诉答复和主张其他抗辩动议的动议。

2018年10月17日，艾比森等6家被申请人提出动议，请求行政法官签发命令，要求Ultravision公司补充答复艾比森等被申请人关于Ultravision公司的中止协议的质询，以及重新让威廉·希尔（William Hall）作出书面证词。10月29日，不公平进口调查办公室调查律师回复支持艾比森等被申请人的上述动议，而Ultravision公司提交了关于上述动议的反对动议。

2018年10月18日，雷曼光电提出强制要求Ultravision公司提供相关电子邮件信息的动议。10月29日，不公平进口调查办公室调查律师回复支持雷曼光电的上述动议，而 Ultravision 公司提交了反对上述动议的动议。

2018年10月19日，申请人和被申请人共同提交了关于涉案产品的联合规定，确认了哪些涉案产品为代表性涉案产品。

2018年10月23日，洲明科技等被申请人提出动议，请求允许其基于近期收到的第三方信息补充其无效论点。

2018年11月5日，申请人和被申请人提交在事实发现结束后进行事实取证的联合动议，请求允许在2018年11月8日继续申请人员工坦迪·鲁滨逊（Tandy Robinson）的宣誓作证。

2018年11月19日，申请人和上海三思提出联合动议，请求基于一份保密的协议终止对上海三思的调查。

2018年11月26日，申请人 Ultravision 公司提出动议，请求基于撤回整个有效的投诉书而终止整个调查，并请求在行政法官作出裁决和美国国际贸易委员会作出最终决定之前，中止本次调查的程序安排。11月30日，不公平进口调查办公室调查律师回复支持申请人 Ultravision 公司的上述动议。

（六）初裁

2019年1月31日，行政法官做出初裁决定，同意申请人 Ultravision 公司提出终止调查的动议，即同意基于撤回投诉，终止针对所有被申请人的调查。

（七）终裁

2019年2月21日，美国国际贸易委员会发布终裁，决定不复审行政法官于2019年1月31日的初裁决定，终止该案调查。

二、案例解析

（一）申请人策略分析

1. 申诉时机

申请人 Ultravision 公司选择在 2018 年 3 月 27 日这一时间点主要针对中国

企业及其在美国子公司提起"337调查",主要基于以下原因。

其一,在特朗普政府正在积极推行贸易保护的背景下针对中国企业提起"337调查",美国企业胜诉的可能性更高。

在Ultravision公司提起"337调查"的前几天,即美国当地时间2018年3月22日中午12:30(北京时间23日凌晨0:30),时任美国总统特朗普正式宣布将对从中国进口的多项产品征收高额关税、对中资投资美国设限并在世贸组织采取针对中国的行动等。其中,征收高额关税的产品主要涉及智能科技和通信产品,以及其他涉及知识产权纠纷的领域的产品。

在这一背景下,Ultravision公司对该案提起的"337调查"同时满足了特朗普政府上述三个条件:①申请人为美国企业;②主要的诉讼对象为中国企业及其在美国子公司;③产品涉及知识产权纠纷。因此,该案"337调查"的提起切合了当时特朗普政府的贸易保护主义主张,相比其他时间,Ultravision公司此时提起该案"337调查",胜诉的可能性更大。

其二,Ultravision公司前期诉深圳市欧立光电技术有限公司的专利侵权案件以胜诉结案,该案中,Ultravision公司主张侵权的专利之一为该案涉案专利中的306专利。该案的胜诉增强了Ultravision公司取得本次"337调查"胜诉的信心。同时,较早地收集了相关证据信息,最终使Ultravision公司在4个月后正式向委员会提起了"337调查"立案申请。

早在2017年6月14日之前,Ultravision公司就已经在考虑提起本次"337调查"并持续在为此做准备。在前期收集相关的资料和证据的调查过程中,Ultravision公司委托了TLC展示咨询公司(TLC Display Consulting)和其自身的员工参加贸易展览会,包括于2017年6月14日至16日在佛罗里达州奥兰多举行的"美国国际视听技术及系统集成展(InfoComm)"。通过贸易展览会,收集了与被告的某些产品有关的销售信息和技术信息,且这些产品在该案"337调查"中被指控侵权。

2. 专利储备

该案中申请人Ultravision公司起诉的2件专利均涉及集成模块化显示面板,覆盖大多LED显示面板技术或特征。

如表 6-2 所示，337-TA-1114 案涉案专利的同族专利并不少，Ultravision 公司对于涉案专利相关技术的相似技术的保护较为全面。

表 6-2　337-TA-1114 案涉案专利的同族专利统计

涉案专利	简单同族专利数 / 件	扩展同族专利数 / 件	DocDB 同族专利数 / 件
US9349306	2	98	46
US9916782	7	93	46

3. 诉讼目的

"337 调查"是美国企业用来打压竞争对手、保持美国市场占有率的手段之一。随着洲明科技、艾比森、利亚德的中国 LED 显示屏企业在创意显示、小间距高密度显示屏等 LED 显示应用新产品技术方面的持续创新，以及中国传统的制造成本优势，中国 LED 显示屏产品在全球主流市场的市场份额不断提高，对 Ultravision 公司等美国本土 LED 显示屏企业的市场份额造成了较大的威胁。

由此不难看出，Ultravision 公司企图借中美贸易战，对洲明科技、艾比森、利亚德等中国知名的 LED 显示屏企业发起了"337 调查"，并请求排除令和禁止令作为救济方式，意图遏制中国企业在美国 LED 显示屏市场占有率的提升，保住自身的市场份额。

（二）被申请人策略分析

1. 积极应诉

面对该案"337 调查"，被申请人洲明科技第一时间组建了包括知识产权、法务、研发和市场销售等相关人员在内的应对该案"337 调查"的工作小组，并聘请了飞翰律师事务所代理其案件。同时，洲明科技还主动联合了其他被申请人联建光电、奥拓电子、雷曼光电、元亨光电四家广东省企业以及上海的三思、北京的利亚德进行应诉。

2018 年 7 月 2 日，洲明科技提交了一份针对申请人投诉书的答复，初步提出了以下抗辩策略：不侵权抗辩、无效抗辩、缺乏发明权（即由于涉案专利中指定的发明人未发明所谓的发明，或者在实际的发明人未被称为发明人，涉案专利是不可执行的)、申请人不存在国内产业、缺乏所有权和立场(即由于申请人对涉案专利没有所有权或者申请人声称的转让由于任何原因存在缺陷,申请人没有提起诉讼的资格)等。

在案件调查的过程中,洲明科技等被申请人选择了将"专利无效"及"专利不可执行"作为主要的答辩方向进行应诉。

2. 寻求无效

在该案中,洲明科技等被申请人通过对涉案专利进行分析发现,两件涉案专利的专利技术并不属于 LED 显示屏的核心关键技术,涉案专利主要以模块化防水为诉求点,并无实质而有效的保护范围。并且早在涉案专利提出申请之前,具有涉案专利特征的产品就已经由三思公司等多家公司在美国市场上销售,涉案专利的稳定性存疑。

因此,洲明科技等被申请人重点采取通过现有技术对两件涉案专利进行无效的抗辩策略,围绕两件涉案专利,提交了一份现有技术文献列表,其中包括 200 余件美国专利申请和 180 余件中国专利申请;此外,洲明科技等被申请人还提交了一份现有技术产品清单,其中列举了 59 种在涉案专利优先权日之前就已经公开、使用或销售的现有技术产品,包括洲明科技的 Ufix 和 Upad 系列的产品。

在积极应对该案调查的同时,洲明科技等被申请人于 2018 年 11 月 20 日就 306 专利向美国专利审查和上诉委员会提出了双方重审申请,案号为 IPR2019-00347。

3. 程序对抗

因为时间安排上的冲突,对行政法官发出的传票已作出回应的第三方证人直到事实发现结束后才能出庭作证,所以,洲明科技等涉诉企业在与 Ultravision 公司协商的过程中,提出了在事实发现结束后接受第三方巴可公司(Barco, Inc.)、Cirrus, Inc. 公司和达科公司(Daktronics, Inc.)代表证词的要求,但遭到了 Ultravision 公司的反对。

为了获得更多的证据以支持其所主张的专利无效性及专利不可执行性的论点,洲明科技联合其他涉诉企业于 2018 年 10 月 10 日向行政法官提出了超时取得第三方证词以及要求缩短 Ultravision 公司回应时间的动议。而该动议获得了不公平进口调查办公室调查律师和行政法官的支持，行政法官于 10 月 24 日签发了部分初裁结果，允许洲明科技等被申请人在事实发现结束后接受第三方公司第三方巴可公司（Barco, Inc.）、Cirrus, Inc. 公司和达科公司（Daktronics, Inc.）代表的证言，并允许洲明科技等被申请人提交一份初步专家补充报告。

基于在事实发现后期获得的相关信息和证据，2018 年 9 月 21 日，洲明科技等被申请人提出了"由于不恰当的发明权和不公平的行为，涉案专利的权利要求是不可执行"的论点。9 月 26 日，委员会以被申请人未在其投诉答复中提出该抗辩为由，请求驳回洲明科技等被申请人的上述论点。

由于双方未能达成共识，为了维护自身的权利，洲明科技等被申请人于 2018 年 10 月 11 日向行政法官提出了修改投诉答复和主张涉案专利权利要求是不可执行的肯定性抗辩的动议，涉案专利权利要求不可执行的原因是存在不公平行为、专利权滥用、不洁之手和 / 或不恰当的发明权。该动议获得了不公平进口调查办公室调查律师的支持，2018 年 11 月 15 日，行政法官签发了第 26 号命令，即基于前期被申请人提交的投诉答复中，雷曼光电提出的涉案专利的权利要求由于不恰当的发明权和不公平的行为而不能执行的肯定性抗辩，而允许洲明科技等被申请人修改答复，以增加涉案专利的权利要求不可执行是由于不公平的行为和 / 或不恰当的发明权导致的肯定性抗辩，但不同意被申请人以专利权滥用和不洁之手为由认定涉案专利的权利要求不可执行，因为专利权滥用和不洁之手这一抗辩在被申请人前期的答复中并未提及，且被申请人没有提出必要的事实指控以支持由于专利权滥用或不洁之手而导致专利不能执行的肯定性辩护。

（三）案件特点

该案是美国企业 Ultravision 公司在中美贸易战背景下主要针对中国 LED 显示屏企业及其在美国子公司发起的一起"337 调查"，同时也是美国特朗普政府宣布对中国进口商品征收高额关税之后，美国企业针对中国企业发起的第一起"337 调查"。Ultravision 公司在该背景下提起本次"337 调查"存在扰乱

LED 市场秩序的嫌疑。该案中，Ultravision 公司将 40 家企业列为被告，其中有 12 家为中国内地的 LED 显示屏企业（含 10 家广东省企业），且大部分企业为上市企业，2 家广东省企业被判缺席，其余 10 家内地企业积极应诉。在调查之初，10 家企业就积极联合应诉，并在调查过程中，从多方面采取行动，合理利用程序优势，为自身赢取了更多的准备相关材料和答辩的时间，在多方合作的基础上，最终使申请人全部撤诉。

（四）案件结果的原因分析

虽然 Ultravision 公司在其撤诉动议中未提及其撤诉的原因，纵观案件的整个调查过程及所披露的部分信息可以看出，Ultravision 公司主要基于以下原因选择放弃诉讼。

其一，Ultravision 公司趁中美贸易战之机，在未做准备充分的情况下仓促提起"337 调查"，前期势头虽猛，但后继乏力。

Ultravision 公司于 2018 年 3 月 27 日向美国国际贸易委员会提起该案 "337 调查"，但其主要用于主张洲明科技等被申请人侵权的涉案专利——782 专利的授权日为 2018 年 3 月 13 日，即 Ultravision 公司在 782 专利获得授权不到半个月，就以侵犯 782 专利专利权为由提起了该案 "337 调查"。从时间上看，Ultravision 公司的准备时间十分有限，尤其是在针对 782 专利的侵权指控这一方面难免准备不足，导致后期难以坚持其侵权主张。

其二，洲明科技等被申请人短时间内接连提起的各项动议使 Ultravision 公司疲于应付，在赢面渐失的情况下，Ultravision 公司及时止损，提出了撤诉。

2018 年 10 月 10 日至 23 日，短短的 13 天时间内，洲明科技等被申请人接连出招，共同应对 Ultravision 公司，在 11 月 10 日提出超时取得第三方证词及缩短申请人回应时间的动议；11 日提出了修改投诉答复和主张其他抗辩的动议；17 日提出请求行政法官签发 Order 强制要求 Ultravision 公司补充答复艾比森等被申请人关于 Ultravision 公司的中止协议的质询，以及重新让威廉·希尔（William Hall）作出书面证词的动议；18 日提出强制要求 Ultravision 提供相关电子邮件信息的动议；23 日提出请求允许其基于近期收到的第三方信息补充其无效论点的动议。

一连串的动议使 Ultravision 公司应接不暇,疲于应付。虽然对于洲明科技等申请人的各项动议,Ultravision 公司均提交了反对动议,但大部分都没有得到不公平进口调查办公室调查律师和行政法官的支持,因此为及时止损,只能提出撤诉。

（五）案件点评

其一,明确应诉策略,做好多项准备。企业在应诉前期针对申请人的投诉书和调查通知进行答复时,应当尽可能多地提出相关的肯定性抗辩,以便于后期调查和取证过程中若发现了可以支持相应的肯定性抗辩的证据,便可以据此来要求修改投诉答复,为诉讼提供支持。

其二,借助联合行业协会及同行业公司的力量更好地应对"337调查"。与其他被诉企业联合应对,不仅可以分担应诉的压力和成本,还可以通过发挥各自优势、专业分工等实现信息和资源优势共享,提高效率,形成应诉合力,有利于增加与申请人谈判的筹码,增加胜诉的概率。同时通过合作,采取连环出招给予申请人更大的应对压力,实现"单打独斗"所达不到的效果。

其三,提前做好规避知识产权纠纷的准备。中国企业产品在出口发达国家市场,尤其是美国等知识产权保护制度非常成熟的国家和地区时,应该提早做好规避知识产权风险的准备,并且尽量在研发初期就通过自由事实分析报告（FTO 报告）、竞争对手筛查等方式将新产品的侵权风险降到最低。在产品出口目标市场国之前,也可委托有关机构出具一份自由事实分析报告,以表明在特定的司法管辖区域内采用特定技术的制造、使用、销售产品、许诺销售产品等行为,不会侵犯第三方专利权;即使企业产品在进入目标国市场后发生了侵权行为,该 FTO 报告也可以用于证明企业非故意侵权。

第三节 照明器具制造领域典型案例分析（337-TA-1107）

一、案情介绍

2018 年 3 月 6 日,美国 Fraen 公司向美国际贸易委员会提出"337 调查"

申请，主张对美国出口、在美国进口和销售的特定 LED 照明设备及组件侵犯了其专利权（美国注册专利 9411083 和 9772499），请求美国际贸易委员会发布普遍排除令、有限排除令、禁止令。

被申请人为包括广州浩洋电子、广州彩熠灯光有限公司、广州炫熠灯光设备有限公司、广州飞星灯光设备有限公司等 10 家企业。

2018 年 4 月 4 日，美国国际贸易委员会决定对特定 LED 照明设备及组件启动"337 调查"，并确定调查编码为 337-TA-1107。最终，基于申请人 Fraen 公司提出的动议，美国国际贸易委员会终止对涉案企业广州市浩洋电子股份有限公司的调查。本报告主要将广州市浩洋电子股份有限公司作为该案的被申请人分析对象。

（一）当事双方及行业背景

1. 申请人

Fraen 公司是 1942 年成立的一家总部位于马萨诸塞州的制造公司，最初是时钟指针和仪器指针的制造商，2003 年进入 LED 照明光学行业，其设计和发明为许多 LED 照明光学应用设定了标准。自 2008 年以来，Fraen 公司先后与欧洲、日本和中国等国家的同行一起在美国获得了 16 项专利。Fraen 公司致力于 LED 照明行业领先的混色变焦光学系统，该系统混合来自不同颜色 LED 的光，并提供将光从窄点到宽泛光区的变焦光谱引导的能力。Fraen 公司于 2011 年开发了其当前的混色变焦光学系统，并于 2012 年开始销售。

据不完全统计，截至 2021 年 12 月 31 日，Fraen 公司所拥有的已公开或公告的专利申请总量为 167 件（图 6-10），且 20 年来一直保持相对平稳增长势头，每年申请量约为 9 件，已授权且维持有效状态的专利占比 51.29%（图 6-11）。[1]

---

[1] I Incopat 专利检索平台检索公式：(AP=(" 美国 Fraen 公司 "OR"Fraen Corporation" OR "irobot CORPORATION")) OR (PATENTEE=(" 美国 Fraen 公司 "OR"Fraen Corporation" OR "irobot CORPORATION"))，检索日期：2022-07-17。

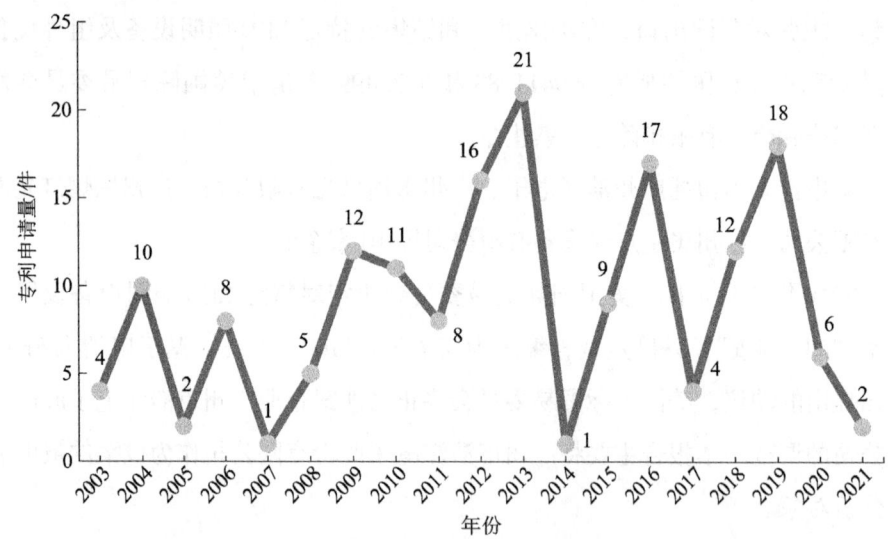

图 6-10　Fraen 公司专利申请量年度变化趋势

Fraen 公司已经在全球 8 个国家或知识产权组织申请了专利，如图 6-12 所示。其中，美国专利申请量占 50.00%，欧洲专利局占 23.56%，世界知识产权组织占 20.12%。

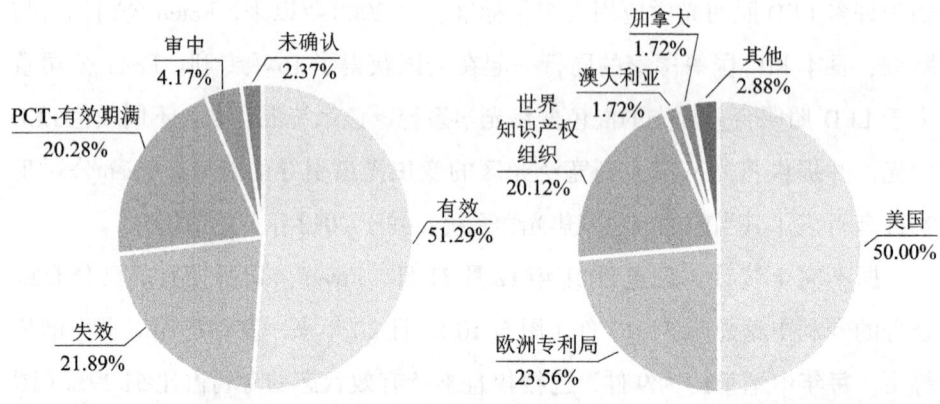

图 6-11　Fraen 公司专利法律状态分布　　图 6-12　Fraen 公司专利申请地区分布

2. 被申请人

浩洋电子成立于 2005 年，主营业务包括 LED 演艺、建筑、商业照明以及 LED 显示屏和相关控制系统，其经营范围包括舞台灯光服务、智能化安装服务、照明灯具制造等。同时，浩洋公司拥有自己的研发团队，长期致力于专业灯光电子技术的研究,取得100余项专利技术认证,并参与中国"电脑灯的行业标准"及"演艺LED灯光行业标准"的制定。

浩洋电子从2007年就开始布局专利。如图6-13、图6-14和图6-15所示,据不完全统计,截至2021年12月31日,浩洋电子所拥有的已公开或公告的专利申请总量为851件,2016年以来专利申请量保持快速增长趋势,已授权且维持有效状态的专利占比72.92%。

其中,在中国本土专利申请总量占比87.69%,世界知识产权组织专利占申请总量的12.31%。

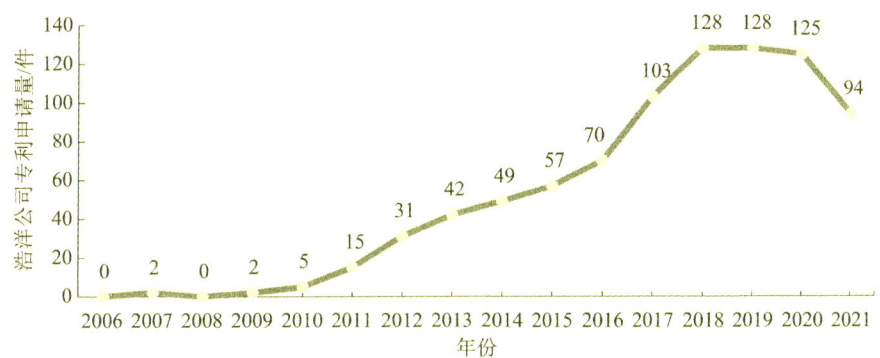

图6-13 浩洋电子专利申请量年度变化趋势

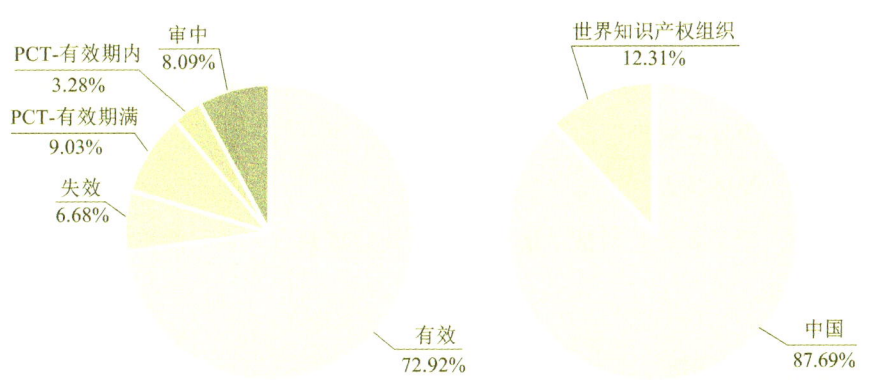

图6-14 浩洋电子专利申请法律状态分布　　图6-15 浩洋电子专利申请地区分布

（二）提出申请

1. 涉案技术及专利介绍

该案涉及产品为 LED 舞台灯。该案所涉及的专利包括美国专利注册号为 9411083 和 9772499 的专利，下面仅对涉及被申请人浩洋公司的专利进行介绍。

涉案专利 US9411083（以下简称"083 专利"）与 US9772499（以下简称"499 专利"），专利名均为"混光透镜和系统"，申请日分别为 2011 年 12 月 30 日、2016 年 7 月 1 日，并先后于 2016 年 8 月 9 日、2017 年 9 月 26 日获得授权，其中 083 专利为 Fraen 公司通过权利转让获得该专利的专利权。

083 专利与 499 专利均提供了包括一个或多个照明模块的照明模块和照明系统及相关方法，其接收来自一个或多个光源的光，用于如以均匀、图案化或其他受控方式将其投射到目标表面。在各种实施例中，照明模块和照明系统可用于混合由一个或多个源产生的光。

申请人所主张的专利公开了一种光学系统，该系统可以实现某些娱乐和其他灯具的核心功能。该系统配置具有多边形横截面的光管阵列，使当光管及其对应的透镜相对于彼此旋转时，从光管发射的多边形光束图案重叠并形成最终透射光束图案不同于从光管发射的多边形光束图案。同时，光学系统配置具有多边形横截面的光管阵列，使当光管及其对应的透镜相对于彼此旋转时，从光管发射的多边形光束图案重叠并形成最终透射光束图案不同于从光管发射的多边形光束图案。值得注意的是，083 专利公开的光学系统，其附加特征是光管输出端的表面具有纹理。

2. 具体救济请求

申请人要求委员会对被申请人发布永久性禁制令，永久性普遍排除令或有限性排除令。

（三）立案调查

2018 年 4 月 4 日，美国国际贸易委员会决定对该案启动"337 调查"，并确定调查编码为 337-TA-1107。

（四）应诉

浩洋电子聘请了君合律师事务所及一家美国律所作为其代表，对本次"337 调查"应诉。

（五）调查过程

2018 年 5 月 10 日，浩洋电子的应诉团队对 Fraen 公司专利稳定性的提出疑问，并向委员会提交了 100 余项证据，以证明浩洋电子的涉案产品是独立研发、在先使用、产品没有侵权。

2018 年 6 月 5 日，Fraen 公司向委员会提交终止对浩洋电子调查的动议。

2018 年 6 月 13 日，行政法官作出初裁，基于申请方 Fraen 公司提出的许可协议和动议，终止对涉案企业美国 Chauvet & Sons, Inc., of Sunrise, FL 的调查。

2018 年 7 月 12 日，行政法官作出初裁，基于申请方 Fraen 公司提出的动议，终止对涉案企业美国 ADJ Products 公司、美国 Elation Lighting 公司、广州炫熠灯光设备有限公司的调查。

2018 年 7 月 12 日，行政法官发布初裁，基于申请方 Fraen 公司动议，委员会同意申请人对浩洋电子终止调查的动议。

（六）终裁

2018 年 8 月 8 日，委员会发布部分终裁，基于行政法官于 2018 年 7 月 12 日的初裁决定，终止对浩洋电子的调查。

二、案例解析

（一）申请人策略分析

1. 申诉时机

LED 照明已成为市场主流照明产品，其技术和市场已经相当成熟。广东省是国内 LED 产业最为集中也是发展最快的地区，上中下游产业链比较完整。

因此，申请人发起本次调查的10家公司中，有6家来自中国，其中包含5家广东省企业。可见，申请人本次起诉的目的性极强，其目的不仅是解决专利侵权纠纷问题，更是为了阻止中国企业尤其是广东省企业等对手进入美国市场，从而确保自身在LED照明设备市场上的高额利润。

值得注意的是，该案申请日期为2018年3月6日，也正是特朗普政府发起对华贸易战的前两天，在这一时期对中国多数LED企业发起"337调查"。不难看出，正是借助国际经济摩擦及美国当局贸易保护心态，以期获得胜诉机会。

2. 专利储备

该案中申请人Fraen公司起诉的2件专利属于同组专利，主要用于舞台灯光秀，后者属于前者的延续，并且2项专利均是首次在诉讼中使用。同时，涉案专利在欧洲、韩国、日本专利局等12个国家或地区获得授权。因此，该案一旦认定被申请人侵权成立，则涉案中国企业在欧日韩等地市场均面临侵权的风险。

如表6-3所示，337-TA-1107案涉案专利具有一定数量的扩展同族专利，其母专利在技术市场具有一定的原创性及市场竞争力，对于相似技术的保护具有一定的覆盖率。

表6-3　337-TA-1107案涉案专利的同族专利统计

涉案专利	简单同族专利数/件	扩展同族专利数/件	DocDB同族专利数/件
US9411083	2	54	20
US9772499	2	54	20

3. 诉讼目的

2017年，伴随着中国LED产业的顺利转型，产业关键技术、规模与国际平均水平的差距进一步缩小，根据TUV莱茵数据，中国成为全球LED照明产品重要的生产基地，产量超过全球总产量的八成，且是世界最大的集LED生产、出口和应用大国。

而伴随着中国LED照明行业的迅猛发展，Fraen公司等美国企业，不仅不能在中国市场中占有优势，反而需要进一步保障本土市场份额。同时，LED 照明智能化的进一步推进，中国企业具有极大的成本优势，面对这一竞争形势，为掌握 LED 行业的主导权，维护市场份额与利益，则不得不通过专利限制竞争对手的扩张。

Fraen 公司并非具有诉讼经验的公司，反而缺乏知识产权纠纷经验，且在该案中专利涉及的技术早已存在。Fraen 公司发起该案诉讼，主要目的是借助特朗普政府贸易保护的契机，通过"337 调查"发布排除令，限制中国企业产品进入保障自身的市场占有率。

此外，申请人在起诉书中提出永久性禁制令、永久性普遍排除令的诉求，即企图将所有公司、所有产地的 LED 相关进口产品排除出美国，而非仅针对被申请人的有限排除令，可以看出申请人 Fraen 公司的野心。同时，涉案专利同时也在全球多地授权，一旦该案确定侵权难免在其他国家或地区实施同样的手段压制中国企业。

（二）被申请人策略分析

1. 积极应诉

浩洋电子在收到申请人 Fraen 公司的诉状后，迅速在企业内部组建了包括法务、专利、技术、市场人员在内的联合应对小组，对相关专利与产品进行分析，快速检索行业内同类型产品的专利，形成具体翔实的分析报告支撑调查应对工作。同时，浩洋电子接受各级知识产权和贸易部门的指导和行业协会的支持，获得了具有"337 调查"应对经验的 LED 显示屏企业的帮助。

2018 年 5 月 9 日，浩洋电子提交答辩书，初步提出了以下辩护策略：无不正当行为抗辩、无效抗辩、不侵权抗辩、现有技术抗辩、缺乏国内产业等作为主要的答辩方向进行应诉。

2. 坚持不侵权抗辩

该案中，浩洋电子为证实自身并未侵权，通过现有技术及非侵权抗辩的形式向美国国际贸易委员会证明了其独立研发、在先使用相关技术等事实，即通过列举非限制性的例子，证明被控侵权产品 LED 照明设备没有侵犯以 083 权利要求。同时浩洋电子通过对比现有的 6 项 LED 舞台灯专利技术（US9243760、US8246210、US7777955、US6819505、US3784277 与 CN200680006266.0）与 Fraen 公司主张的 US9411083、US9772499 专利的申请日、优先权日及授权日信息发现，现有的 6 项专利的申请日和授权日均在 2 个涉案专利之前；且涉案专利 US9411083、US9772499 的技术特征，与浩洋电子列出的 6 项专利技术方案中的相应技术特征相同或无实质性差异，因此浩洋电子主张其实施的技术属于现有技术，不构成侵权。

3. 寻求救济申请

在积极应对该案调查的同时，浩洋电子通过引用采纳并纳入任何其他被申请人在本次调查中提出的任何其他辩护，并保留主张在整个调查过程中发现的其他抗辩的权利，且提出了自己的救济申请，请求美国国际贸易委员会拒绝 Fraen 公司投诉中要求的所有救济请求；认定浩洋电子在美国进口、销售和许诺销售被诉产品不违反美国《1930 年关税法》第 337 节的规定；认定被诉产品不侵犯被诉专利；认定涉案专利因不符合要求而无效；认定涉案专利未显示国内行业要求；驳回本投诉并终止调查以及委员会认为公正和适当的情况下，给予浩洋电子任何其他和进一步的救济措施等。浩洋电子通过多种可能的方式对申请人施压，同时及时向美国国际贸易委员会及行政法官证明来自身并未侵权。

（三）案件特点

该案中，被申请人浩洋电子是唯一应诉的中国企业，并获得胜诉。在涉诉之初，浩洋电子直面调查，对自身产品自主知识产权有着足够的底气，从根本上避免侵权诉讼，在应诉过程中有理有据。面对调查，被申请人从多个方面采取行动，如无效涉案专利、涉案专利属于现有技术等方式，多方压制申请人，成功地向美国国际贸易委员会证明了其独立研发、在先使用相关技术等事实。同时，被申请人还借助寻求政府相关部门与行业协会、同行的帮助，最终迫使 Fraen 公司提交了无条件终止进行调查的动议。该案中浩洋电子胜诉的重要原因之一，离不开外界力量的协助，为其提供了多类资源对接与经验事项，帮助浩洋电子从容应对。

（四）案件结果的原因分析

该案中，浩洋电子胜诉的关键在于，涉案产品属于自主知识产权，浩洋电子作为中国 LED 舞台灯知识产权的优势企业，自身拥有较强的研发团队，并布局了相关专利池，从而从根本上避免了该案的侵权诉讼。此外，按照以往美国企业对中国 LED 企业发起"337 调查"的经验，多数中国 LED 企业选择不应诉，被申请人直接以缺席判决。该案中，申请人 Fraen 公司在诉讼方面经验并不多，在这一期间发起"337 调查"，更倾向利用贸易战的契机及中国企业不应诉的习惯，借机实现稳固自身市场，阻碍中国企业进入的目的，但由于经验不足、前期准备不充分、专利分析不仔细等多种因素，在调查过程中证据不足以支撑，疲于应对，最终被浩洋电子证据推翻。

（五）案件点评

其一，独立创新、自主研发。浩洋电子围绕其经营的 LED 设备等相关产品、组件申请了很多专利。其中，中国专利过千件，世界知识产权组织专利过百件，由此可见浩洋电子对专利技术的自主研发十分重视，也有较强的知识产权保护意识，正是积极应对专利侵权纠纷诉讼，最终赢得诉讼。此外，在国际市场做好专利布局，通过核心专利、外围专利及专利组合等构筑知识产权防御体系。

其二，积极应诉，博得机会。一旦企业遇到"337 调查"，不应诉即败诉，该案中的五家广东省企业作为被申请人，除了浩洋电子积极应对，均因缺席被美国国际贸易委员会直接认定为侵权。在综合考虑后，一旦选择应诉，在调查过程中应诉企业应采取多种方式多方牵制申请人并给申请人施压，为自己博得谈判的机会。

第四节 智能消费设备制造领域典型案例分析（337-TA-1035）

一、案情介绍

2016 年 12 月 8 日，美国 KDI 公司根据美国第 337 节规定向美国国际贸易委员会提出"337 调查"申请，主张对美国出口、对美国进口和在美国销售的特定液晶电子写字屏及其部件侵犯了其专利权（美国注册专利号为 7351506 和 8947604），请求美国国际贸易委员会发布有限排除令和禁止令。

被申请人为深圳市好写科技、光彩宏业。

2017 年 1 月 9 日，美国国际贸易委员会对特定液晶电子写字屏及其部件启动"337 调查"，并确定调查编号为 337-TA-1035。好写科技基于申诉人 KDI 公司撤诉，被终止调查。本报告将好写科技作为该案的被申请人分析对象。

（一）当事双方及行业背景

1. 申请人

KDI 公司成立于 1993 年，由纽约州罗切斯特市曼宁纳皮尔公司（Manning and Napier）的威廉·曼宁（William Manning）教授和俄亥俄州肯特州立大学（Kent State University）液晶研究所的比尔·道恩（Bill Doane）教授共同创立，专注于液晶技术的研发。KDI 公司自 2008 年安装全球第一条专用于双稳态胆甾型显示器的卷对卷生产线以来，目前拥有两条完整的卷对卷生产线，专门用于柔性电子笔显示器技术的批量生产。❶

KDI 公司是 Boogie Board 品牌电子手写板的开发者和制造商，其电子手写板在显示技术上处于世界领先地位。BoogieBoard® 电子手写板是全球市场上畅销的电子书写设备，KDI 公司已在全球 40 多个国家和地区销售了数百万台

---

❶ Kent Displays, Inc.Overview［EB/OL］.［2022-06-21］.https://kentdisplays.com/company.

Boogie Board® 电子手写板。❶

如图6-16、图6-17和图6-18所示，据不完全统计，截至2021年12月31日，KDI公司拥有的已公开或公告的专利总量近百件，当前有效专利占比40.74%。目前，KDI公司已在美国、中国、英国、韩国、日本等国家和知识产权组织申请了专利，其在美国和中国的专利申请量最多，占比分别为美国39.33%，中国23.33%。❷

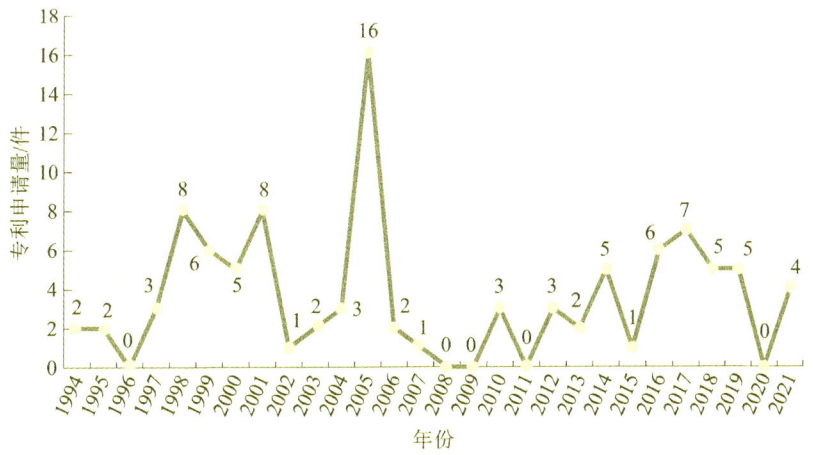

图6-16　KDI公司专利申请量年度变化趋势

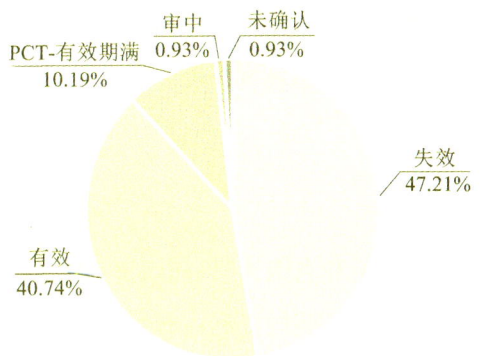

图6-17　KDI公司专利申请法律状态分布

---

❶ 美通社.Kent Displays, Inc.成功打击知识产权侵权者［EB/OL］.（2017-06-21）［2022-06-21］.https://www.prnasia.com/story/180849-1.shtml.

❷ Incopat专利检索平台检索公式：（AP=（"美国KDI公司" OR "KDI Corporation" OR "KDI CORPORATION" OR "Kent Displays, Inc."））OR（PATENTEE=（"美国KDI公司" OR "KDI Corporation" OR "KDI CORPORATION" OR "Kent Displays, Inc."））检索日期：2022-07-17。

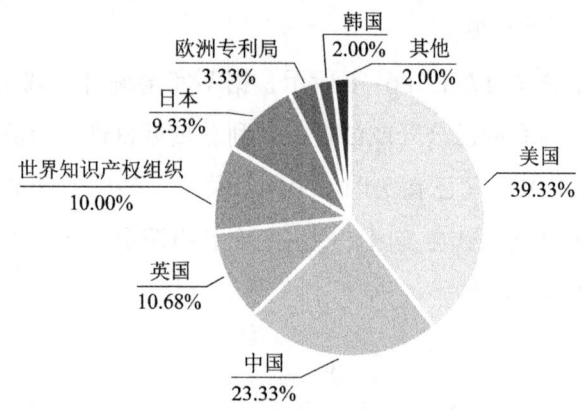

图 6-18　KDI 公司专利申请地区分布

2. 被申请人

好写科技成立于 2013 年，是全球领先的智能硬件与智慧文具解决方案供应商。其主营产品包括光能液晶板系列、云笔记系列、电子白板系列等。好写科技独立研发、设计、生产的光能液晶手写板依托压力书写和液晶显示技术的突破，成功打破外国品牌在中国市场的垄断地位，目前市场占有率全球第一。❶ 其产品远销国内外，包括欧洲、日本、俄罗斯、韩国等国家与地区。当前，好写科技对面向市场的产品全部拥有自主知识产权与核心专利。据不完全统计，截至 2021 年 12 月 31 日，好写科技拥有的已公开或公告的专利申请量 30 件，国际专利布局主要分布在欧洲和印度。❷

（二）提出申请

1. 涉案技术及专利介绍

该案涉及胆甾型液晶材料和利用其制备得到的胆甾型液晶显示器以及电子手写板。该案所涉及的专利包括美国专利注册号为 7351506、8947604 的专利，

---

❶ 好写科技. 公司简介 [EB/OL]. [2022-06-21]. http://www.how-show.com/about.asp.

❷ Incopat 专利检索平台检索公式：（AP=（"中国 Howshare 公司" OR "Howshare Corporation" OR "Howshare CORPORATION" OR "Shenzhen Howshow Technology Co., Ltd." OR "中国好写科技" OR "深圳好写科技"）)OR（PATENTEE=（"中国 Howshare 公司" OR "Howshare Corporation" OR "Howshare CORPORATION" OR "Shenzhen Howshow Technology Co., Ltd." OR "中国好写科技" OR "深圳好写科技"）），检索日期：2022-07-17。

下面对涉及被申请人的专利进行介绍。

涉案专利 US7351506（以下简称"506 专利"），专利名称为用于双稳态反射显示器聚合封装的胆甾型液晶，于 2008 年 4 月 1 日授权。

该专利描述了一种双稳态聚合物分散液晶显示器，以及制备该双稳态聚合物分散液晶显示器的方法。KDI 公司在该案中主张被申请人侵犯了 506 专利的权利要求 1-5、10、11、13-16、18-23、26 和 27。

涉案专利 US8947604（以下简称"604 专利"），专利名称为具有间隔控制灵敏度的胆甾型液晶书写板，于 2015 年 2 月 3 日授权。

该专利描述了一种通过在液晶材料中放置具有一定尺寸和浓度的间隔物以控制胆甾型液晶书写板灵敏度的胆甾型液晶书写板。KDI 公司在该案中主张被申请人侵犯了 604 专利的权利要求 1、2、9-11、15-17、21 和 22。

2. 具体救济请求

申请人要求美国国际贸易委员会对被申请人发布有限排除令和禁止令。

（三）立案调查

2017 年 1 月 9 日，美国国际贸易委员会投票决定正式对该案启动"337 调查"并指定行政法官。

（四）应诉情况

好写科技与知识产权服务机构峰创智诚达成合作，委托其进行应对策略选择、反制措施执行等系列工作。

（五）调查过程

2017 年 2 月 27 日，好写科技应诉团队向申请人 KDI 公司和委员会提出了提供申请人在本次调查中提交的所有机密材料的副本的要求。

2017 年 3 月 2 日至 3 月 7 日，申请人 KDI 公司出于机密商业信息的考量先后向委员会提起修改保护令的动议。

2017 年 5 月 27 日，申请人 KDI 公司基于"避免其高度机密的技术信息被泄露"提出撤诉并终止对深圳市好写科技的调查并维持程序进度的动议。

2017年6月26日，委员会决定对行政法官全面终止针对好写科技调查的初裁不进行复审，终止该案调查。

（六）调查结果

2017年6月26日，美国贸易委员会决定对行政法官全面终止针对好写科技的专利侵权调查的初裁不予复审，初裁结果即为终裁。

二、案例解析

（一）申请人策略分析

1. 申诉时机

KDI公司早在2010年就已经开始在亚马逊上销售其Boogie Board品牌的电子手写板，在其提出该案时，其Boogie Board品牌的电子手写板已是在全球市场上畅销的电子书写设备。该案中，申请人KDI公司指定的调查对象仅两家位于中国深圳的中小规模的企业。

被申请人好写科技虽然是一家致力于研发生产液晶调光膜（PDLC）及其应用产品、液晶书写膜及其应用产品、透明LED显示产品等的高科技企业，但其2013年才成立，且在2015年才研发出液晶手写板并投入批量生产，在KDI公司向美国国际贸易委员会提出337立案申请的时候，好写科技的液晶手写板产品才上市不到两年。甚至另一家光彩宏业直到2016年，即KDI公司提起"337调查"立案申请年，才开始生产液晶手写板产品。

因此，截至2016年年底，两家被申请人的液晶手写板产品刚上市不久，并不会对KDI公司的电子手写板市场构成威胁，而KDI公司选择在这个时间点向美国国际贸易委员会提起"337调查"，实际是未雨绸缪，利用"337规则"将竞争对手从美国市场驱逐出去，企图将竞争对手在美国的发展扼杀在萌芽期，以维护自身的美国市场。

2. 专利储备

该案中申请人KDI公司起诉的2件专利均涉及液晶显示器以及电子手写

板。如表 6-4 所示，337-TA-1035 案涉案专利存在少量等同族专利。

表 6-4　337-TA-1035 案涉案专利的同族专利统计

涉案专利	简单同族专利数／件	扩展同族专利数／件	DocDB 同族专利数／件
US7351506	5	5	5
US8947604	2	5	4

3. 诉讼目的

该案中的诉讼根源在于 KDI 公司，被申请人好写科技在应诉过程中，合理地向 KDI 公司和美国国际贸易委员会提出了披露 KDI 公司相关产品的技术信息要求，而 KDI 公司在美国际贸易委员会拒绝其提出的修改保护令的动议后，很快就以"避免其高度机密的技术信息被泄露"为由向美国国际贸易委员会提出了基于撤诉要求终止对好写科技的调查的动议，对好写科技无条件撤诉。

由此可见，KDI 公司提起该案"337 调查"，表面上的目的是想要保护自身的知识产权，禁止出于侵犯专利权的不正当贸易，实际上可能是想通过采用"337 调查"这一手段来骚扰和恐吓被申请人放弃美国市场。

（二）被申请人策略分析

1. 积极应诉

面对该案"337 调查"，在收到美国贸易委员会与申请人的通知后，被申请人好写科技第一时间与具有海外知识产权诉讼及实战经验的知识产权服务机构峰创智诚合作，处理本次"337 调查"提供法律顾问服务，主导应对、谈判及反制措施等事务。

2017 年 2 月 27 日，好写科技提交了一份针对申请人投诉书的答复，初步提出了以下抗辩策略：不侵权抗辩、无效抗辩、缺乏所有权和立场（即由于申请人对涉案专利没有所有权或者申请人声称的转让由于任何原因存在缺陷，申请人没有提起诉讼的资格）、申请人不存在国内产业等。

在案件调查的过程中，好写科技选择了将"专利无效"以及"不存在国内

智能家电产业海外知识产权贸易壁垒问题研究

产业"作为主要的答辩方向进行应诉。

2. 寻求无效

在该案中,好写科技通过对涉案专利进行分析发现,两件涉案专利的专利技术并不属于核心关键技术,并且在涉案专利提出申请之前,相关技术已存在。因此,申请人所主张的专利并不能满足 35 U.S.C. 中第 101、102、103、112、115、116/256 规定的一个或多个可专利性条件而无效。同时,好写科技发现涉案专利涉及大量现有技术,初步确定了主要包括以下单独或合并的专利:US6061107A、US7119859B2、US6104448A、US7351506B2、US2003/0071958A1、US2006/0182898A1、US2007/0085837A1、US2009/0033811A1、US2009/0096942A1 及 US2010/0265214A1。因此,被申请人好写科技等重点采取通过现有技术对两件涉案专利进行无效的抗辩策略,围绕两件涉案专利,详细阐述了现有技术的具体情况、公开时间等信息。

3. 坚持不侵权抗辩

该案中,好写科技为证实自身并未侵权,通过现有技术及非侵权抗辩的形式向委员会证明了其独立研发、在先使用相关技术等事实,并通过申请人不存在国内产业为由,即 KDI 公司及其被许可人在国内没有其所主张专利的产业,或对所主张专利的利用进行大量投资,包括在美国的工程、研发和许可等进行不侵权抗辩,针对这一抗辩 KDI 公司无法反驳。此外,针对 506 专利与 604 专利,好写科技始终坚持,申请人 KDI 公司的非技术性描述不准确且不完整,不能确切指控自身产品侵权。

(三)案件特点

被申请人好写科技在面对 KDI 公司提起的"337 调查"时,选择了积极应对,在接到"337 调查"通知后迅速与知识产权服务机构达成合作,组建律师团队进行应诉,经过多番谈判和周旋,最终取得了申请人无条件撤诉、案件取得全面胜利的结果。

虽然美国国际贸易委员会在 2017 年 1 月 9 日便发出了调查通知书,但由于地址错误等原因,导致 2 月 6 日好写科技才收到申请人 KDI 公司的投诉书和调查通知书。同年 2 月 27 日，好写科技表示应诉，并向申请人和委员会提出了提供申请人在本次调查中提交的所有机密材料的副本的要求。申请人 KDI 公司出于机密商业信息的考量，先后向委员会提起修改保护令的动议及"避免其高度机密的技术信息被泄露"撤诉要求，终止对好写科技的调查的动议。

从 2017 年 2 月 6 日好写科技收到申请人寄送的投诉书和调查通知书到 6 月 26 日委员会发布针对好写科技的终裁，历时不到半年好写科技便取得了该案的全面胜利，创下了中国企业在应对美国"337 调查"历史上以最短时间无条件胜利结案的记录。

（四）案件结果的原因分析

该案中，好写科技胜诉的关键不仅在于自主知识产权，其作为中国智能硬件与智慧文具领先企业之一，自身拥有较强的研发团队，研发能力强，且具有核心专利。在面对"337 调查"时，好写科技不仅应诉，而且利用企业知识产权保护尤其是商业秘密倾向，在应诉之后迅速提出要求提供申请人在本次调查中提交的所有机密材料的副本的要求。申请人 KDI 公司出于保护自身商业信息的考量先后最终撤诉要求终止对好写科技的调查的动议。

申请人 KDI 公司在诉讼方面经验并不少，在这一期间发起"337 调查"，更倾向利用贸易战的契机，借此进一步巩固自身本土市场，但被申请人与法务机构经验老到、准备充分等多种因素，使调查走向迅速逆转并获胜。

（五）案例点评

其一，找准方向，直面诉讼。该案中，申请人 KDI 公司在其提交的基于撤诉要求终止对好写科技的调查的动议中声称，其撤诉的原因之一是如果 KDI 公司想要在美国国际贸易委员会寻求救济，作为调查过程的一部分，KDI 公司将必须针对其产品提供高度敏感的机密技术信息，而提供这些信息需要将其转移或传输到中国，因为被申请人好写科技的律师包括在中国工作和生活的美国特许律师，而将这些机密信息传送给中国是高度不安全的，可能会被盗，任何泄露这些机密技术信息给已经侵犯 KDI 公司知识产权的中国竞争对手的行为，都将对 KDI 公司业务造成相当大且不可弥补的损害。继续对好写科技展开调查，可能会让 KDI 公司的机密技术信息在中国各地传播，这种风险是 KDI 公司不可接受的，并将严重损害其全球竞争力。因此，为了避免其高度机密的技术信息在中国被泄露的风险，KDI 公司决定撤回其诉状中关于好写科技的调查。

然而，KDI 公司未针对上述观点提供任何事实论据，其上述观点毫无说服力，一定程度上致使行政法官拒绝其修改保护令、禁止其任何机密商业信息离开美国领土边界（即不愿向好写科技披露其在本次调查中提交的机密材料）的动议的原因。

在应对"337 调查"时，聘请包含在中国生活的律师作为成员的律师团队是常见的，而向申请人和美国国际贸易委员会提出提供申请人在本次调查中提交的所有机密材料副本的要求，同样也是大部分被申请人在应诉"337 调查"的时候均会提出的一般性要求。出于公平公正以及便于被申请人答复和便于调查能够顺利进行等方面的原因，该要求一般会得到行政法官的支持。

因此，从该案结果分析，该案给出的最重要的启示是国内中小企业在遭遇"337 调查"时，要摆正心态，不必对"337 调查"谈虎色变，要着眼企业的长远发展，勇敢地选择积极应诉。而且，据统计，2010—2021 年涉及广东省企业的"337 调查"调查案件中，不应诉从而被判缺席的企业的败诉率达到 82.68%，而 96.32% 积极应诉的企业，其结果大多是胜诉、和解或同意令等获得有利结果。❶

其二，提升自身实力，提高保护意识。打铁必须自身硬，企业只有加大研发投入，坚持自主创新，才能在市场竞争中立于不败之地。在"走出去"过程中，企业应始终坚持"专利先行"的市场运营策略，加强海外知识产权战略规划和布局，密切关注和跟踪目标市场国家知识产权制度和规则，提高知识产权保护意识，做好出口前知识产权风险评估分析和规避设计，降低知识产权侵权风险的发生概率。

---

❶ 广东省 WTO/TBT 通报咨询研究中心.2010—2021 年美国"337 调查"涉粤企情况报告［R］.广州：广东省 WTO/TBT 通报咨询研究中心.2022.

附 录

附录1 主要出口市场家电产品市场准入法律法规信息

国家/地区	法律法规名称	管理机构	领域
美国	《联邦食品、药物和化妆品法》	美国食品及药物管理局	产品辐射
美国	《联邦通信法》	美国联邦通信委员会	电磁兼容
美国	《国家节能政策法》	美国能源部 美国环保署 美国联邦贸易委员会	节能、环保及标签
欧盟	低电压指令 2014/35/EU	欧洲议会、欧盟理事会、欧盟委员会	电气安全
欧盟	电磁兼容性指令 2014/30/EU	欧洲议会、欧盟理事会、欧盟委员会	电磁兼容
欧盟	能效标签指令（EU）2017/1369	欧洲议会、欧盟理事会、欧盟委员会	节能、环保
欧盟	生态设计指令（ErP）2009/125/EC	欧洲议会、欧盟理事会、欧盟委员会	节能、环保
欧盟	电气电子设备限制使用有害物质指令 2011/65/EU	欧洲议会、欧盟理事会、欧盟委员会	节能、环保
欧盟	噪声指令 2000/14/EC	欧洲议会、欧盟理事会、欧盟委员会	噪声安全
欧盟	无线设备（RED）指令 2014/53/EU	欧洲议会、欧盟理事会、欧盟委员会	电磁兼容
日本	《电器用品安全法》	经济产业省	电气安全
韩国	《电器用品及生活用品安全管理法》	商务部、工业部及能源部	电气安全

附录2 主要出口市场家电产品标准信息

序号	国家/地区	标准编号	中文名称	英文名称
1	美国	UL 60335系列	家用和类似用途电器安全系列标准	Standard for safety of household and similar electrical appliances
2	美国	UL 1995	多联式空调	Standard for Safety Multi Connected Air-conditioner
3	美国	UL 484	房间空调器	Standard for Safety Room Air-conditioner
4	美国	UL 2157	电动洗衣机和脱水机	Electric Clothes Washing Machines and Extractors
5	美国	UL 474	除湿机	Dehumidifiers
6	美国	UL 507	电扇	Standard for Safety Electric Fans
7	美国	UL 1647	电动驱动按摩和锻炼器材	Standard for Safety Motor-Operated Massage and Exercise Machines
8	美国	UL 1995	加热和冷却设备	UL Standard for Safety Heating and Cooling Equipment
9	欧盟	EN 60335系列	家用和类似用途电器安全系列标准	Household and similar electrical appliances—Safety
10	欧盟	EN 55011	工业、科学和医疗设备 射频骚扰特性 限值和测量方法	Industrial, scientific and medical equipment — Radio-frequency disturbance characteristics — Limits and methods of measurement
11	欧盟	EN 55014-1	电磁兼容性 家用电器、电动工具和类似用途电器具要求 第1部分：发射	Electromagnetic compatibility — Requirements for household appliances, electric tools and similar apparatus — Part 1: Emission
12	欧盟	EN 55014-2	电磁兼容性 家用器具、电子工具和类似装置用要求 第2部分：抗扰性	Electromagnetic compatibility — Requirements for household appliances, electric tools and similar apparatus — Part 2: Immunity — Product family standard
13	欧盟	EN 61000-3-2	电磁兼容性（EMC）第3-2部分：限值 输入电流每相小于等于16安培的设备的谐波电流发射限值	Electromagnetic compatibility (EMC) — Part 3-2: Limits — Limits for harmonic current emissions (equipment input current ≤ 16 A per phase)

续表

序号	国家/地区	标准编号	中文名称	英文名称
14	欧盟	EN 61000-3-3	电磁兼容性（EMC）第 3-3 部分：限值 每相额定电流小于等于 16 A、不受条件限制的连接设备用公共低压供电系统电压变化、电压波动和闪烁的限制	Electromagnetic compatibility (EMC) – Part 3-3: Limits – Limitation of voltage changes, voltage fluctuations and flicker in public low-voltage supply systems, for equipment with rated current ≤ 16 A per phase and not subject to conditional connection
15	欧盟	EN 61000-3-11	电磁兼容性 第 3-11 部分：限值 电压变化限制 公共低压供电系统电压闪动和波动 额定电流大于等于 75A 的空调连接设备	Electromagnetic compatibility (EMC) – Part 3-11: Limits; Limitation of voltage changes, voltage fluctuations and flicker in public low-voltage supply systems; Equipment with rated current <kleiner ≥ 75 A and subject to conditional connection
16	欧盟	EN 14511 系列	空间加热和制冷用带电动压缩机的空调、液体冷却包和热泵系列标准	Air conditioners, liquid chilling packages and heat pumps with electrically driven compressors for space heating and cooling
17	欧盟	EN 14825	空间加热和冷却用带有电驱动压缩机的液体冷却封装和热泵空调 部分负载条件下的试验和评定和周期性能计算	Air conditioners, liquid chilling packages and heat pumps, with electrically driven compressors, for space heating and cooling – Testing and rating at part load conditions and calculation of seasonal performance
18	欧盟	EN 60950 系列	信息技术设备 安全性系列标准	Safety for Information technology equipment
19	欧盟	EN 62560	小于等于 50 V 一般照明用自镇流式 LED 灯 安全性规范	Self-ballasted LED-lamps for general lighting services by voltage > 50 V – Safety specifications
20	欧盟	EN 60884 系列	家用和类似用途插头插座系列标准	Plugs and socket-outlets for household and similar purposes
21	欧盟	EN 61558 系列	电力变压器、供电设备、反应堆及类似设备安全性系列标准	Safety for power transformers, power supplies, reactors and similar products

续表

序号	国家/地区	标准编号	中文名称	英文名称
22	日本	J 60335 系列	家用和类似用途电器安全系列标准	Household and similar electrical appliances-Safety
23	日本	J 55014-1	电磁兼容性 家用电器、电动工具和类似用途电器具要求 第1部分：发射	Electromagnetic compatibility-Requirements for household appliances, electric tools and similar apparatus – Part 1: Emission
24	韩国	K 60335 系列	家用和类似用途电器安全系列标准	Household and similar electrical appliances-Safety
25	韩国	KS C 9814-1	电磁兼容性（EMC）—家用电器 电动工具和类似器具的要求 第1部分：发射	Electromagnetic compatibility (EMC) – household appliances – Requirements for electric tools and similar appliances – Part 1: emission
26	韩国	KS C 9306	空调	Air conditioner
27	英国	BS 1363	13A插头、电源插座、适配器和连接装置 系列标准	13A plugs, socket-outlets, adaptors and connection units
28	中国	GB/T 28219	智能家用电器通用技术要求	General technology requirements for intelligent household appliances

附录3 企业名称全简称一览表

序号	企业名称	简称
1	小米科技有限责任公司	小米
2	海尔集团	海尔
3	海信集团有限公司	海信
4	美的集团股份有限公司	美的
5	三星电子株式会社	三星
6	日本松下电器产业株式会社	松下
7	罗伯特·博世有限公司	博世
8	大金工业株式会社	大金
9	日本东芝公司	东芝
10	三菱电机株式会社	三菱
11	LG电子株式会社	LG
12	德国西门子股份公司	西门子
13	WHIRLPOOL CO（惠而浦公司）	惠而浦
14	荷兰皇家飞利浦电子公司	飞利浦
15	珠海格力电器股份有限公司	格力
16	创维集团有限公司	创维
17	康佳集团股份有限公司	康佳
18	TCL科技集团股份有限公司	TCL
19	四川长虹电子控股集团有限公司	长虹
20	广东格兰仕集团有限公司	格兰仕
21	韩国大宇电子公司	大宇
22	广东美的制冷设备有限公司	美的制冷
23	谷歌公司	谷歌
24	霍尼韦尔国际公司	霍尼韦尔
25	美国江森自控有限公司	江森自控
26	科慕埃弗西有限公司	科慕埃弗西公司
27	海洋王照明科技股份有限公司	海洋王照明
28	Ultravision Technologies,LLC	Ultravision公司
29	欧普照明股份有限公司	欧普照明

续表

序号	企业名称	简称
30	株式会社日立制作所	日立制作所
31	索尼集团公司	索尼
32	Irobot Corporation	Irobot 公司
33	InterDigital Communication,LLC	InterDigital 公司
34	佳能株式会社	佳能
35	美国高通公司	高通
36	华为技术有限公司	华为
37	OPPO 广东移动通信有限公司	OPPO
38	维沃移动通信有限公司	vivo
39	Via Technologies,Inc.	Via 公司
40	联想控股有限公司	联想
41	June Life,Inc.	June Life 公司
42	中兴通讯股份有限公司	中兴通讯
43	中国人民保险集团股份有限公司	中国人保
44	平安财产保险股份有限公司	平安产险
45	HDMI Licensing,LLC	HDMI 组织
46	深圳市智意科技有限公司	智意科技
47	深圳市银星智能科技股份有限公司	银星智能
48	利亚德光电股份有限公司	利亚德公司
49	上海三思电子工程有限公司	三思公司
50	深圳市艾比森光电股份有限公司	艾比森
51	深圳市奥拓电子股份有限公司	奥拓电子
52	深圳市创显光电有限公司	创显光电
53	深圳金立翔视效科技有限公司	金立翔视效
54	深圳雷曼光电科技股份有限公司	雷曼光电
55	深圳市联建光电股份有限公司	联建光电
56	深圳市迈锐光电有限公司	迈锐光电
57	深圳市建达强科技有限公司	建达强
58	深圳市洲明科技股份有限公司	洲明科技

续表

序号	企业名称	简称
59	深圳市大族元亨光电股份有限公司	元亨光电
60	Fraen Corporation of Reading,MA	Fraen 公司
61	广州市浩洋电子股份有限公司	浩洋电子
62	Kent Displays,Inc.	KDI 公司
63	好写科技有限公司	好写科技
64	光彩宏业科技有限公司	光彩宏业

参考文献

[1] 陈剑玲.对外贸易中的知识产权滥用及其规制［M］.北京：对外经贸大学出版社，2011.

[2] 汪洪，郭雯.337调查与应对——北京企业涉案案例分析及启示［M］.北京：知识产权出版社，2017：247.

[3] 世界知识产权组织.知识产权指南——政策、法律及应用［M］.北京：知识产权出版社，2012.

[4] 卞建林.美国联邦民事诉讼规则证据规则［M］.中国法制出版，2000.

[5] 郑秉秀.国际贸易中知识产权壁垒［J］.国际贸易问题，2002（7）：37-38.

[6] 徐元.知识产权贸易壁垒的实质及国际政治经济学分析［J］.太平洋学报，2012（3）：4-6.

[7] 李大江.知识产权壁垒的特征、形式及影响探析［J］.科技经济市场，2014（4）：142.

[8] 韩可卫，陈天明.知识产权贸易壁垒的特征及后危机时代新特点分析［J］.产权导刊，2014（3）：51-54.

[9] 冯永晟.知识产权贸易壁垒的兴起与我国的应对［J］.宏观经济管理，2012（12）：59-61.

[10] 曹璋，李伟，陈一超.知识产权保护、知识产权贸易壁垒和中美贸易三者关系研究——基于向量自回归与格兰杰因果关系检验［J］.宏观经济研究，2020（2）：92-101.

[11] 代中强.美国知识产权调查引致的贸易壁垒：特征事实、影响及中国应

对［J］.国际经济评论，2020（3）：107-122，6-7.

［12］宗艳霞.中美贸易摩擦对大连市的影响及政策建议［J］.大连海事大学学报（社会科学版）.2018，17（5）：52-57.

［13］赵云海.国外知识产权贸易保护的实践经验及其对中国的启示［J］.价格月刊.2021（6）：52-57.

［14］曹刚.中美知识产权贸易摩擦的主要表现及应对［J］.对外经贸实务.2018（10）：93-96.

［15］魏雅丽，谢欢.企业应对美国知识产权贸易壁垒问题研究——以广东省为例［J］.当代经济.2022，39（3）：84-89.

［16］张蕾.中小企业知识产权保护战略选择［J］.法制与社会.2021（6）：164-165.

［17］崔日明，张玉兰，耿景珠.知识产权保护对新兴经济体贸易的影响——基于贸易引力模型的扩展［J］.经济与管理评论.2019，35（3）：135-146.

［18］薄晓东，邹宗森.知识产权保护下的中国外贸转型升级研究［J］.现代管理科学.2017（7）：58-60.

［19］徐艳.知识产权壁垒对我国高新技术产品出口的影响研究［J］.改革与战略.2015，31（5）：154-159.

［20］李玲玲.美国专利壁垒对我国技术性密集产品出口的影响研究［D］.合肥：安徽大学，2016.

［21］李鹏程.知识产权保护与我国高新技术产品出口［J］.商业经济.2020（5）：96-97，117.

［22］杜敏.知识产权保护对我国高技术产品出口的影响研究［D］.杭州：浙江工商大学，2015.

［23］焦利敏，李红伟，孟永哲，等.第三代人工智能时代智能家电技术、标准的研究和应用［J］.中国标准化.2021（19）：107-113.

［24］赵梦凡.基于物联网的智能家电人机交互设计研究［D］.扬州：扬州大学，2021.

［25］胡姣，李岳洪，高英杰.浅析基于物联网智能家电的通信安全评估方法与实践［J］.日用电器.2022（1）11-15.

［26］徐庆伟.智能家电发展与研究现状分析［J］.现代商贸工业.2010，22（8）：101-102.

［27］詹林其，徐建平，陈军，等.智能家电互联互通的现状分析［J］.电子产品可靠性与环境试验.2021，39（4）：98-101.

［28］燕雪婷，王雪龙，都昱君，等.适老性智能家居系统研究与应用［J］.建筑经济，2021，42（S1）：34-38.

［29］丁小梅.智能家电伦理问题的审视和思考［D］.合肥：安徽大学.2021.

［30］宋子晔，秦陶，牛擎宇，等.基于智能家电管理的家庭能源管理系统综述［J］.建筑节能（中英文）.2021，49（9）：171-177.

［31］焦利敏，李红伟，曲宗峰，等.智能家电碳达峰碳中和标准、认证研究与实践［J］.中国标准化.2021（10）：44-50，54.

［32］林崇诚.中国网络通讯产业"走出去"的挑战与应对措施［J］.国际贸易.2016（6）：21-25.

［33］张南雪.国外能效壁垒对我国家电出口的影响及其应对策略［J］.对外经贸实务.2018（5）：42-45.

［34］黄先海，卿陶.知识产权保护、贸易成本与出口企业创新［J］.国际贸易问题.2021（7）21-36.

［35］张学军，邓绍俊，徐晓光，等.智能家电产品出口面临的技术壁垒及对策研究［J］.标准科学.2021（11）：34-37.

［36］北京知识产权司法保护研究会.智能家电及IOT行业Wi-Fi标准必要专利许可模式研究报告［R］.北京知识产权司法保护研究会，2021.

［37］刘超，徐志方，马成东，等.从专利布局现状分析国内外智能家居企业竞争策略［J］.电视技术，2019，43（7）：73-80.

［38］荀亮.中国智能电源专利状况分析及相关建议［J］.中国发明与专利.2015（3）：59-61.

［39］盛玉洁.论民事诉讼行为保全制度的完善［J］.法制与社会，2015（3）：

289-290.23.

[40] 王娟.关于我国引入禁诉令制度的思考[J].法学评论 2009（6）：73.

[41] 肖永平."长臂管辖权"的法理分析与对策研究[J].中国法学，2019（6）：39-65.

[42] GB/T28219-2018，智能家用电器通用技术要求[S].

[43] 广东省人民政府.关于培育发展战略性支柱产业集群和战略性新兴产业集群的意见：粤府函〔2020〕82号[A/OL].（2020-05-20）[2022-05-12].http：//www.gd.gov.cn/zwgk/jhgh/content/post_2997773.html.

[44] 广东省工业和信息化厅，广东省发展和改革委员会，广东省科学技术厅，等.广东省发展智能家电战略性支柱产业集群行动计划（2021—2025年）的通知：粤工信消费〔2020〕121号[A/OL].（2020-10-09）[2022-05-12].http：//www.gd.gov.cn/zwgk/jhgh/content/post_3097823.html.

[45] 中商产业研究院.2021年中国智能家电市场回顾及2022年发展趋势预测分析[R/OL].（2022-03-30）[2022-05-12].https：//baijiahao.baidu.com/s?id=1728653629737459007&wfr=spider&for=pc.

[46] 广东省WTO/TBT通报咨询研究中心.2021年TBT通报和出口欧美产品受阻情况[EB/OL].（2022-01-21）[2022-05-12].http：//www.gdtbt.org.cn/html/note-322855.html.

[47] 中华人民共和国政府.中华人民共和国国民经济和社会发展第十四个五年规划和2035年远景目标纲要[A/OL].（2021-03-13）[2022-05-30].http：//www.gov.cn/xinwen/2021/03/13/content_5592681.htm.

[48] 中华人民共和国政府.国务院关于印发"十四五"国家知识产权保护和运用规划的通知：国发〔2021〕20号[A/OL].（2021-10-28）[2022-05-30].http：//www.gov.cn/zhengce/content/2021/10/28/content_5647274.htm.

[49] 广东统计信息网.2021年1—12月主要产品产量[EB/OL].（2022-01-28）[2022-05-20].http：//stats.gd.gov.cn/zycpcl/content/post_3802052.html.

[50] 广东省统计局.2021年广东经济运行情况分析[EB/OL].（2022-02-22）[2022-05-20]http：//stats.gd.gov.cn/tjfx/content/post_3817611.html.

［51］广东省统计局.2021年广东省国民经济和社会发展统计公报［EB/OL］.（2022-03-02）［2022-05-20］http：//stats.gd.gov.cn/tjgb/content/post_3836135.html.

［52］中华人民共和国海关总署广东分署.2021年12月广东省出口重点商品总值表［EB/OL］.（2022-01-27）［2022-05-20］.http：//gdfs.customs.gov.cn/guangdong_sub/zwgk62/sjgb59/4149361/index.html.

［53］中华人民共和国海关总署.2021年12月出口主要商品量值表［EB/OL］.（2022-01-18）［2022-05-20］.http：//www.customs.gov.cn/customs/302249/zfxxgk/2799825/302274/302277/302276/4127886/index.html.

［54］中华人民共和国商务部.337调查简介［EB/OL］.［2022-05-25］.http：//ipr.mofcom.gov.cn/zhuanti/337/337_index.html.

［55］广东省WTO/TBT通报咨询研究中心.2010—2021年粤企在美知识产权诉讼报告［R］.广州：广东省WTO/TBT通报咨询研究中心.2022.

［56］广东省WTO/TBT通报咨询研究中心.2010—2021年美国"337调查"涉粤企情况报告［R］.广州：广东省WTO/TBT通报咨询研究中心.2022.

［57］韩国特许厅，中国国家知识产权局国际合作司（组织翻译）.韩国标准必要专利指南2.0［EB/OL］.（2021-10-9）［2022-05-22］.http：//www.acpaa.cn/upload/file/202205/ba7e1103-bc13-427e-ab61-67134adfd810.pdf.

［58］中国信通院IMT-2020（5G）推进组."5G+"产业标准必要专利发展最新态势（2021年）［EB/OL］.（2021-12-29［2022-06-20］.https：//pdf.dfcfw.com/pdf/H3_AP202112291537269198_1.pdf?1640768925000.pdf.

［59］财经.美检察官拟撤诉陈刚案，"中国行动"取消遥遥无期［EB/OL］.（2022-01-16）［2022-06-21］.https：//baijiahao.baidu.com/s?id=1722106255889170085&wfr=spider&for=pc.

［60］郝敏."中国行动计划"真的终止了吗？［EB/OL］.（2022-02-26）［2022-06-21］.https：//baijiahao.baidu.com/s?id=1725778036791442641&wfr=spider&for=pc.

［61］丁小梅.智能家电伦理问题的审视和思考［D］.合肥：安徽大学.2021.

[62] WIPO.世界知识产权报告[EB/OL].[2022–05–30].https：//www.wipo.int/edocs/pubdocs/en/wipo–pub–901–2022–en–patent–cooperation–treaty–yearly–review–2022.pdf.

[63] 国家知识产权局.2019年中国专利调查报告[EB/OL].（2019–12）[2022–05–31].http：//www.ahipdc.cn/download/5e781e3f0cf2a784c40d2ca8.pdf.

[64] 郭静原.质量创新成中小企业转型升级普遍路径 广东将"质造"进行到底[EB/OL].（2018–02–13）[2022–06–30].https：//news.sina.cn/gn/2018–02–13/detail–ifyrkrva8176543.d.html?oid=3794291102706557&pos=3.

[65] 梁玲玲.国内外知识产权保险现状研究及对我国的启示[J].全球科技经济瞭望,2021（5）：48–55.

[66] 李广明.我国知识产权保险的发展及路径选择[J].保险理论与实践,2021（5）：69–75.

[67] 新华网.质量创新成为广东中小企业转型升级的普遍路径[EB/OL].（2018–02–14）[2022–06–30].http：//www.xinhuanet.com/info/2018–02/14/c_136974658.htm.

[68] 广东省WTO/TBT通报咨询研究中心.广东省技术性贸易措施年度报告（2022）[R].广州：广东省WTO/TBT通报咨询研究中心.2022.

[69] RPX.NPE Patent Litigation Up by 10% in 2021[EB/OL].（2022–01–12）[2022–05–30].https：//www.rpxcorp.com/data–byte/npe–patent–litigation–up–by–10–in–2021/.

[70] Lex machina.Lex machina Patent Litigation Report 2022[EB/OL].（2022–05–19）[2022–06–20].2022.https：//lexmachina.com/media/press/lex–machina–releases–2022–patent–litigation–report/.

[71] WIPO.WIPO IP Facts and Figures 2021[EB/OL].[2022–06–20].https：//www.wipo.int/edocs/pubdocs/zh/wipo–pub–943–2021–zh–wipo–ip–facts–and–figures–2021.pdf.

[72] GUTTERMAN S A, ANDERSON J B. Intellectual Property in Global Markets

[M].Nederlanden: Kluwer Law International Press, 1997.

[73] BALDWIN E R. The Political Economy of U.S.Import Policy [M].Cambridge: The MIT Press, 1986: 52-56.

[74] LE THI T T, HOANG D T, PHAM THI T H, et al. The Level of Perception, Awareness, and Behavior on Intellectual Property Protection: A Study of the Emerging Country [J].Journal of Governance and Regulation, 2021, 10(1): 22495.

[75] GRIMALDI M, GRECO M, CRICELLI L. A Framework of Intellectual Property Protection Strategies and Open Innovation [J].Journal of Business Research, 2021 (123) .156-164.

[76] GUPTA A, GUPTA H P, BISWAS B, et al. An Unseen Fault Classification Approach for Smart Appliances Using Ongoing Multivariate Time Series [J]. IEEE Transactions on Industrial Informatics, 2021, 17 (6): 3731-3738.

[77] FORCHUK C, SERRATO J, LIZOTTE D, et al. DevelOping a Smart Home Technology Innovation for People With Physical and Mental Health Problems: Considerations and Recommendations [J].JMIR mHealth and uHealth.2022, 10 (4): e25116-e25116.

[78] GUAN A, DANNEWITZ H, et al.Perceptions, Acceptability, Expectations, and Concerns of Smart Home Technologiess Among Oleder Adults [J]. Innovation in Aging.2019, (3+1): S881-S882.

[79] DUTRA SOUZA M D, et al. A Realistic Energy Optimization Model for Smart-Home Appliances [J].International Journal of Energy Research.2019, 43(8): 3237-3262.

[80] CHAUHAN R K, CHAUHAN K, et al.Optimization of Electrical Energy Waste in House Using Smart Appliances Management System-A Case Study [J]. Journal of Building Engineering.2022 (46).

[81] Cujo LLC.Patent Issued for Network Security Analysis For Smart Appliances (USPTO 10, 560, 280) [J].Network Weekly News 2020.

[82] HICKEY P, KOZLOVSKI E.E-strategies for Aftermarket Facilation in the Global Semiconductor Manufacturing Industry [J].Journal of Enterprise Information Management.2020.33（3）: 457–481.

[83] United States International Trade Commission.Pilot Program Will Test Interim ALJ Intial Determinations on Key Issues in SEC.337 Investigations [EB/OL]. （2021–05–12）[2022–05–31].https：//www.ustic.gov/press_room/featured_news/337pilotprogram.html.

[84] EUIPO. Filings, Applications, Quality and Customer Service: 2021 in Review [EB/OL]. （2022–03–28）[2022–06–20].https: //euipo.europa.eu/ohimportal/news?p_p_id=csnews_WAR_csnewsportlet&p_p_lifecycle=0&p_p_state=normal&p_p_mode=view&journalId=9278755&journalRelatedId=manual/.

[85] USPTO.USPTO's FY 2021 Performance and Accountability Report: A Clean Bill of Financial Health [EB/OL].（2022–01–11）[2022–06–20].https: //www.uspto.gov/blog/director/entry/uspto-s-fy-2021-performance.

[86] WIPO.WIPO ADR Highlights 2021[EB/OL].（2022–01–25）[2022–06–21]. https: //mailchi.mp/wipo.int/wipo-adr-highlights-yearly-review-2021.

[87] iRobot Corporation.iRobot Reports Fourth–Quarter and Full–Year 2021 Financial Results [EB/OL]（2022–02–26）[2022–04–28].https: //investor.iRobot.com/news-releases/news-release-details/iRobot-reports-fourth-quarter-and-full-year-2021-financial/.

[88] iRobot Corporation. Reports Fourth–Quarter and Full–Year Financial Results [EB/OL].（2017–02–08）[2022–06–21].https://iRobotcorporation.gcs-web.com/news-releases/news-release-details/iRobot-reports-fourth-quarter-and-full-year-financial-results-4.